西方经济学基础教程

（第三版）

梁小民　编著

FOUNDATION OF ECONOMICS
3rd Edition

图书在版编目(CIP)数据

西方经济学基础教程/梁小民编著. —3 版. —北京:北京大学出版社,2014.7
ISBN 978-7-301-24369-5

Ⅰ. ①西… Ⅱ. ①梁… Ⅲ. ①西方经济学 Ⅳ. ①F091.3

中国版本图书馆 CIP 数据核字(2014)第 124767 号

书　　　名	西方经济学基础教程(第三版)
	XIFANG JINGJIXUE JICHU JIAOCHENG (DI-SAN BAN)
著作责任者	梁小民　编著
责 任 编 辑	叶　楠
标 准 书 号	ISBN 978-7-301-24369-5
出 版 发 行	北京大学出版社
地　　　址	北京市海淀区成府路 205 号　100871
网　　　址	http://www.pup.cn
微信公众号	北京大学经管书苑(pupembook)
电 子 邮 箱	编辑部 em@pup.cn　总编室 zpup@pup.cn
电　　　话	邮购部 010-62752015　发行部 010-62750672　编辑部 010-62752926
印 刷 者	北京宏伟双华印刷有限公司
经 销 者	新华书店
	787 毫米×1092 毫米　16 开本　13.75 印张　261 千字
	1992 年 12 月第 1 版　2003 年 1 月第 2 版
	2014 年 7 月第 3 版　2025 年 7 月第 14 次印刷
印　　　数	155001—157000 册
定　　　价	39.00 元

未经许可,不得以任何方式复制或抄袭本书之部分或全部内容。
版权所有,侵权必究
举报电话:010-62752024　电子邮箱: fd@pup.cn
图书如有印装质量问题,请与出版部联系,电话: 010-62756370

第三版说明

虽然本书出版已近二十年,但北大出版社的编辑告诉我,这本书由于写得简明、扼要、通俗,仍有不少学校用它做教材,也有不少读者爱读,希望我再修订一次。

这本书自出版以来也作了多次修改。不过时代在进步,经济学也在发展,常改常新也是写教科书的特点。因此,我利用寒假对这本书作了一次较大规模的修改。

这次对"经济学的对象与方法"和"微观经济学"部分的变动不是根本性的,体系架构基本未变,只对具体内容作了一些增删。变动较大的是"宏观经济学"部分。在体系上,删去了传统的凯恩斯主义总需求决定模型与 IS-LM 模型。因为在当代的教科书中,这两个模型已不再用了。此外,将宏观经济学的中心定位为"总需求—总供给模型",并以此为中心,对相关的内容进行了相应的调整。

给学生一杯,自己必须有一桶。要教好这门课,还应该更多地读书。希望学生在使用这本教科书时,能同时阅读曼昆的《经济学原理》(北大出版社出版)。

感谢读者朋友的支持,不妥之处欢迎不吝指出。

梁小民

2014 年春节期间

目录

- 1 第一章 西方经济学的对象与方法
  - 4 第一节 西方经济学的研究对象
    - 4 一、为什么社会能生产的大炮与黄油是有限的：稀缺性
    - 5 二、生产大炮还是生产黄油：选择与资源配置
    - 5 三、如何生产更多的大炮与黄油：资源利用
    - 6 四、经济学十大原理
  - 7 第二节 微观经济学与宏观经济学
    - 7 一、微观经济学
    - 9 二、宏观经济学
    - 10 三、微观经济学与宏观经济学的关系
  - 11 第三节 西方经济学的研究方法
    - 12 一、实证经济学与规范经济学的定义
    - 13 二、实证分析的方法
    - 16 三、经济理论与经济政策

- 19 第二章 均衡价格理论
  - 21 第一节 需求与供给
    - 21 一、需求的基本理论
    - 25 二、供给的基本理论
  - 29 第二节 均衡价格
    - 29 一、均衡价格的形成
    - 31 二、需求与供给变动对均衡的影响
  - 33 第三节 价格机制与价格政策
    - 33 一、价格机制及其对经济的调节
    - 35 二、价格机制的缺陷

37	三、价格政策
40	第四节　需求弹性理论
40	一、需求的价格弹性：含义与分类
44	二、需求的价格弹性与总收益

49　第三章　消费者行为理论

52	第一节　基数效用论：边际效用分析法
52	一、基数效用论
52	二、总效用与边际效用
53	三、边际效用递减规律
54	四、消费者均衡
56	第二节　序数效用论：无差异曲线分析法
56	一、序数效用论
57	二、无差异曲线
58	三、消费可能线
59	四、消费者均衡

61　第四章　生产理论

63	第一节　短期中一种生产要素的合理投入：边际收益递减规律
64	一、边际收益递减规律
65	二、总产量、平均产量与边际产量的关系
67	三、一种生产要素的合理投入
67	第二节　长期中两种生产要素的合理投入：规模经济
68	一、规模经济
68	二、内在经济与内在不经济
69	三、外在经济与外在不经济
70	四、适度规模
70	第三节　两种生产要素的配合比例：生产要素的最适组合
71	一、生产要素最适组合的边际分析
71	二、等产量分析法
74	三、生产要素的最适组合

75　第五章　厂商理论

- 77　第一节　成本与收益
  - 77　一、短期成本
  - 81　二、长期成本
  - 83　三、机会成本
  - 84　四、收益分析
  - 84　五、利润最大化原则
- 85　第二节　完全竞争市场上的厂商均衡
  - 85　一、完全竞争的含义与条件
  - 86　二、完全竞争市场上的价格与需求曲线、平均收益与边际收益
  - 87　三、完全竞争市场上的短期均衡
  - 89　四、完全竞争市场上的长期均衡
  - 90　五、对完全竞争市场的评论
- 90　第三节　完全垄断市场上的厂商均衡
  - 90　一、完全垄断的含义与条件
  - 91　二、完全垄断市场上的需求曲线、平均收益与边际收益
  - 92　三、完全垄断市场上的厂商均衡
  - 93　四、对完全垄断市场的评论
- 94　第四节　垄断竞争市场上的厂商均衡
  - 94　一、垄断竞争的含义与条件
  - 95　二、垄断竞争市场上的厂商均衡
  - 96　三、对垄断竞争市场的评论
- 97　第五节　寡头垄断市场上的厂商均衡
  - 97　一、寡头垄断的含义与条件
  - 98　二、寡头垄断市场的特征
  - 98　三、寡头垄断市场上产量的决定
  - 99　四、寡头垄断市场上价格的决定
  - 100　五、对寡头垄断市场的评价
- 100　第六节　产业政策
  - 100　一、厂商生产中的社会问题

101	二、对厂商生产活动的限制
102	三、反托拉斯法
103	四、国有化政策

105　第六章　分配理论

107	第一节　工资、利息、地租与利润的决定
107	一、工资理论:工资的决定
112	二、利息理论:利息的性质与决定
114	三、地租理论:地租的决定
116	四、利润理论:正常利润与超额利润
118	第二节　社会收入分配与收入分配政策
118	一、收入分配的衡量:洛伦斯曲线与基尼系数
120	二、平等与效率:一个永恒的矛盾
121	三、收入分配平等化政策

125　第七章　国民收入决定理论

127	第一节　国民收入核算理论与方法
127	一、国内生产总值
129	二、国内生产总值的计算方法
131	三、国民收入核算中的其他总量
132	四、其他宏观经济指标
132	第二节　总需求—总供给模型
132	一、总需求曲线
135	二、总供给曲线
136	三、总需求—总供给模型

139　第八章　失业与通货膨胀理论

141	第一节　失业理论
141	一、充分就业的含义
142	二、失业的分类与原因
144	三、失业的损失

144	第二节 通货膨胀理论
145	一、通货膨胀的基本知识
146	二、通货膨胀的原因
150	三、通货膨胀对经济的影响
151	第三节 失业与通货膨胀的关系
151	一、凯恩斯的观点：失业与通货膨胀不会并存
152	二、菲利普斯曲线：失业与通货膨胀之间的交替关系
153	三、短期菲利普斯曲线与长期菲利普斯曲线：货币主义与理性预期学派的观点

155　第九章　经济周期与经济增长理论

157	第一节 经济周期理论
157	一、经济周期的含义
158	二、经济周期的阶段
159	三、经济周期的分类
160	四、经济周期理论概述
163	第二节 经济增长理论
163	一、经济增长的定义与特征
164	二、经济增长的源泉
166	三、经济增长模型
170	四、经济增长的极限与代价

173　第十章　宏观经济政策

175	第一节 宏观经济政策的目标与工具
175	一、宏观经济政策目标
176	二、宏观经济政策工具
177	第二节 需求管理（一）：财政政策
178	一、财政政策的内容与运用
179	二、内在稳定器
179	三、赤字财政政策
180	第三节 需求管理（二）：货币政策
181	一、货币政策的基本知识

184	二、凯恩斯主义的货币政策
186	三、货币主义的货币政策
187	第四节 供给管理政策
187	一、收入政策
188	二、指数化政策
189	三、人力政策
190	四、经济增长政策
191	第五节 宏观经济政策的作用及动向
191	一、宏观经济政策对战后西方经济发展的作用
192	二、宏观经济政策对经济的副作用
193	三、宏观经济政策中的新动向：经济政策的自由化

195 第十一章 开放经济中的国民收入均衡与调节

197	第一节 开放经济的基本知识
197	一、开放程度的衡量
198	二、国际收支
199	三、汇率制度
201	四、开放经济中的国民收入均衡
201	第二节 开放经济中的国民收入均衡
201	一、总需求与国民收入的决定
202	二、其他因素变动对国民收入均衡的影响
204	第三节 开放经济中的国民收入调节
204	一、开放经济中各国的相互依赖性
205	二、内在均衡与外在均衡的不同情况
206	三、最优政策的配合
207	第四节 对外经济政策
207	一、对外贸易政策
209	二、汇率政策
209	三、对外投资政策
210	四、国际经济关系的协调

第一章 西方经济学的对象与方法

在西方,经济学被称为"社会科学的皇后"。经济学为什么有这样高的地位?它研究的对象与方法是什么?这些都是我们在学习西方经济学时所应该了解的,也是这一章的主要内容。

经济学是来源于实际的,我们可以用一个例子来说明西方经济学研究的对象与方法。

任何一个社会都拥有一定量的人口、自然资源和其他生产要素,并用于生产各种物品。资源的数量是有限的,所能生产的各种产品也是有限的。多生产某种物品就一定要少生产另一种物品。我们假设一个社会只生产两种物品:大炮与黄油。在资源既定的条件下,如果只生产大炮可以生产15万门,只生产黄油可以生产5万吨。多生产大炮必然少生产黄油,多生产黄油也必然少生产大炮。这就是经济学家常说的"大炮与黄油的矛盾"。假设社会解决这一矛盾时提出了A,B,C,D,E,F六种大炮与黄油的可能的组合方式,则可以作出表1-1。

表 1-1

可 能 性	黄 油(万吨)	大 炮(万门)
A	0	15
B	1	14
C	2	12
D	3	9
E	4	5
F	5	0

根据上表可以画出图1-1。

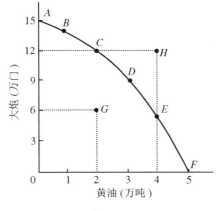

图 1-1

在图 1-1 中，AF 线表明了在资源既定的条件下所能达到的大炮与黄油最大量的组合。AF 线以内的一点（如 G 点，大炮 6 万门，黄油 2 万吨）也是资源既定下所能达到的，但并不是最大产量的组合，这时的资源没有得到充分利用。AF 线以外的一点（如 H 点，大炮 12 万门，黄油 4 万吨）是大炮与黄油更大数量的组合，但在现有资源条件下无法实现。只有 AF 线上的任何一点，才是资源既定下既能实现，又是最大产量的组合。因此，AF 线被称为生产可能线、生产可能性边界或生产转换线。从图上还可以看出，多生产 1 万吨黄油，要少生产若干门大炮，例如从 A 点到 B 点，多生产 1 万吨黄油，就要少生产 1 万门大炮。

"大炮与黄油的矛盾"向我们提出了这样一些问题：
- 为什么社会所能生产的大炮与黄油是有限的？
- 社会在生产大炮与黄油的 6 种可能性中选择哪一种？
- 为什么有时社会生产的大炮与黄油的组合达不到 AF 线，而只能在 G 点上？
- 如何使社会生产的大炮与黄油的可能性超出 AF 线，例如，达到 H 点？

我们就从"大炮与黄油的矛盾"所引出的问题来讨论经济学的研究对象与方法。

第一节 西方经济学的研究对象

一、为什么社会能生产的大炮与黄油是有限的：稀缺性

任何一个社会对大炮与黄油的需求都是无限的。但是，谁都知道，所能生产的大炮与黄油都是有限的。这种需求的无限性与生产的有限性就引出了经济学上的一个重要概念：稀缺性。

相对于人类社会的无穷欲望而言，经济物品，或者说生产这些物品所需要的资源总是不足的。这就是经济学上所说的稀缺性。从我们所说的例子来看，任何一个社会为了保卫自己的安全，需要无限的大炮；为了提高人民的生活水平，又需要无限的黄油。但大炮和黄油要使用各种资源（人力、自然资源、资本等）才能生产出来，任何一个社会的资源总是既定的，从而能生产的大炮和黄油也就是有限的。这就产生了稀缺性问题。

这里首先要注意的是，稀缺性是相对的。也就是说，稀缺性不是指能生产大炮与黄油的资源绝对数量有多少，而是指相对于人类社会无限的欲望而言，再多的生产大

炮与黄油的资源也是有限的。

从这种相对的意义上说,稀缺性又是绝对的。也就是说,从历史上来看,稀缺性存在于人类社会的一切时期,无论是落后的原始社会,还是发达的资本主义社会;从现实中来看,稀缺性存在于各个社会,无论是贫穷的不发达国家,还是富裕的发达国家。由此来看,稀缺性是人类社会永恒的问题,只要有人类就会有稀缺性。

二、生产大炮还是生产黄油:选择与资源配置

人类社会的无穷欲望有轻重缓急之分。以大炮和黄油来说,也许在某一时期内社会更需要大炮,而在另一个时期内更需要黄油。各种资源又有不同的用途,既可以用于生产大炮,也可以用于生产黄油。这样,在解决稀缺性问题时,人类社会就必须作出选择。所谓选择就是如何利用既定的资源去生产经济物品,以便更好地满足人类的需求。具体来说,选择中包含了这样三个问题:

第一,生产什么物品与生产多少。用大炮与黄油的例子说,就是生产大炮还是生产黄油;或者生产多少大炮,生产多少黄油,即在大炮与黄油的六种可能性组合中选择哪一种。在这一问题决定后还涉及另外两个问题。

第二,如何生产,即用什么方法来生产大炮与黄油。生产方法实际就是如何对各种生产要素进行组合,即是多用资本、少用劳动,用资本密集型方法来生产;还是少用资本、多用劳动,用劳动密集型方法来生产。不同的方法可以达到相同的产量,但在不同的情况下,其经济效率并不相同。

第三,生产出来的产品如何分配,即大炮与黄油按什么原则分配给社会各阶级与各成员。这也就是为谁生产的问题。

稀缺性是人类社会各个时期和各个社会所面临的永恒问题,所以,选择,即"生产什么""如何生产"和"为谁生产"的问题,也就是人类社会所必须解决的基本问题。这三个问题被称为资源配置问题。经济学正是为了确定解决这些问题的原则而产生的。从这种意义上说,稀缺性与选择这一永恒而至关重要的问题引致了经济学的产生。

三、如何生产更多的大炮与黄油:资源利用

资源的稀缺是人类社会共同面临的问题,但在有些时候,大炮与黄油的产量并不是一直保持在生产可能线上,这种稀缺的资源还得不到充分利用。例如,在20世纪30

年代大危机时,西方各国失业人数达到 3 000 万,1/3 以上的工厂设备闲置,工业生产退回到了第一次世界大战前的水平。这种情况就是产量没有达到生产可能线(例如图 1-1 中的 G 点)。而且,人类社会为了发展,也不能仅仅满足于达到生产可能线的水平,还要设法不断扩大产量(例如,达到图 1-1 中的 H 点)。这样在"大炮与黄油的矛盾"之中还涉及这样三个问题:

第一,为什么资源得不到充分利用,即大炮与黄油的产量达不到生产可能线上的各点。换句话说,也就是如何能使稀缺的资源得到充分利用,使大炮与黄油的产量达到最大。这就是一般所说的"充分就业"问题。

第二,大炮与黄油的产量为什么不能始终保持在生产可能线上,即尽管资源并没有变,但产量却有时高有时低?与此相关的是,如何使大炮与黄油的产量不断地增长。这就是一般所说的"经济波动与经济增长"问题。

第三,现代社会是一个以货币为交换媒介的商品社会,货币购买力的变动对"大炮与黄油的矛盾"所引起的各种问题的解决都影响甚大。这样,解决"大炮与黄油的矛盾"就必然涉及货币购买力的变动问题。这就是一般所说的"通货膨胀(或通货紧缩)"问题。

以上三个问题一般也称为"资源利用"问题。"大炮与黄油的矛盾"不仅涉及资源配置问题,而且也涉及资源利用问题。资源利用也是经济学所研究的对象。

四、经济学十大原理

美国经济学家曼昆在畅销全世界的经济学教科书《经济学原理》中把经济学研究的问题概括为经济学的十大原理。

第一,人们面临权衡取舍。这是指稀缺性的存在使人们对如何利用有限的资源要作出选择。

第二,得到某种东西的成本是为了得到它所放弃的东西。这就是我们所说的有得必有失。得到大炮就要放弃黄油,反之亦然。经济学中把这种成本称为"机会成本"。

第三,理性人考虑边际量。理性人就是决策时首先考虑自己个人利益的经济人。他们在决策时考虑边际量,即增加成本所能带来的收益。例如,我上一个电脑培训班要交 5 000 元,所能增加的收入为 10 000 元,这就是说增加的成本(边际成本)为 5 000 元,增加的收入(边际收益)为 10 000 元,增加的收入大于增加的成本,我就会去上这个电脑培训班。这样想问题就是考虑边际量。

第四,人们会对激励作出反应,即可以对决定自己利益的刺激作出反应。

第五,贸易可以使每个人的状况变得更好。

第六,市场通常是组织经济活动的一种好方法。

第七,政府有时可以改善市场调节的结果,克服市场机制的缺点。

第八,一国的生活水平取决于它生产物品与劳务的能力,也就是取决于对资源的利用程度。

第九,当政府发行过多货币时,物价上升。

第十,社会在短期中面临通胀与失业的权衡取舍。

这十大原理就是我们这本书所要介绍的,也是理解经济学的关键。

第二节 微观经济学与宏观经济学

在上一节中,我们从"大炮与黄油的矛盾"中得出,西方经济学是研究资源配置与资源利用问题的。由此出发,经济学的基本内容也就分为研究资源配置问题的微观经济学与研究资源利用问题的宏观经济学。在经济学十大原理中,第一至第七个原理属于微观经济学,第八至第十个原理属于宏观经济学。我们这门课程所介绍的主要内容正是微观经济学与宏观经济学。因此,在本节中,我们先对微观经济学与宏观经济学作一点概括的介绍,为整个课程提供一点预备性知识。

一、微观经济学

1. 什么是微观经济学

"微观"的英文为"Micro",它来源于希腊文"μικρο",原意是"小"。微观经济学以单个经济单位为研究对象,通过研究单个经济单位的经济行为和相应的单个经济变量的决定来说明价格机制如何解决社会的资源配置问题。

在这一定义中包含了这样几个内容:

第一,研究的对象是单个经济单位。单个经济单位指组成经济的最基本的单位,即居民户与厂商。居民户又称家庭,是经济中的消费者。厂商又称企业,是经济中的生产者。在微观经济学的研究中,假设居民户与厂商经济行为的目标是实现最大化,即消费者居民户要实现满足程度(效用)最大化,生产者厂商要实现利润最大化。微观经济学研究居民户与厂商的经济行为就是研究居民户如何把有限的收入分配于各种物品的消费,以实现满足程度最大化,以及厂商如何把有限的资源用于各种物品的生产,以实现利润最大化。

第二,解决的问题是资源配置。资源配置即以前所说的生产什么、如何生产和为谁生产的问题。解决资源配置问题就是要使资源配置达到最优化,即在这种资源配置下能给社会带来最大的经济福利。微观经济学从研究单个经济单位的最大化行为入手,来解决社会资源的最优配置问题。因为如果每个经济单位都实现了最大化,那么,整个社会的资源配置也就实现了最优化。

第三,中心理论是价格理论。在市场经济中,居民户和厂商的行为要受价格的支配,生产什么、如何生产和为谁生产都由价格决定。价格像一只看不见的手,调节着整个社会的经济活动,通过价格的调节,社会资源的配置实现了最优化。微观经济学正是要说明价格如何使资源配置达到最优化。因此,价格理论是微观经济学的中心,其他内容都是围绕这一中心问题展开的。也正因为这样,微观经济学也被称为价格理论。

第四,研究方法是个量分析。个量分析是研究经济变量的单项数值是如何决定的。例如,某种商品的价格,就是这种单个经济变量。微观经济学中所涉及的变量,例如,某种产品的产量、价格等都属于这一类。微观经济学分析这类个量的决定、变动及其相互间的关系。

2. 微观经济学的基本内容

微观经济学包括的内容很多。其中主要有:

第一,均衡价格理论。也称价格理论,它研究商品的价格如何决定,以及价格如何调节整个经济的运行。如上所说,这一部分是微观经济学的中心,其他内容都是围绕这一中心而展开的。

第二,消费者行为理论。它研究消费者如何把有限的收入分配于各种物品的消费上,以实现效用最大化。

第三,生产理论。即生产者行为理论,它研究生产者如何把有限的资源用于各种物品的生产上而实现利润最大化。这一部分包括研究生产要素与产量之间关系的生产理论,研究成本与收益之间关系的成本与收益理论,以及研究不同市场条件下厂商行为的厂商理论。

第四,分配理论。研究产品按什么原则分配给社会各集团与个人,即工资、利息、地租和利润如何决定。

第五,一般均衡理论与福利经济学。研究社会资源配置最优化的实现,以及社会经济福利的实现等问题。

第六,微观经济政策。研究政府有关价格管理、消费与生产调节,以及实现收入分配平等化等项政策。这些政策属于国家对价格调节经济作用的干预,是以微观经济理论为基础的。

此外,在现代微观经济学的基础上还产生了成本—收益分析、时间经济学、家庭经济学、微观消费经济学等内容与分支。微观经济学还是现代管理科学的基础。在本课程中,我们介绍微观经济学最基本的内容:均衡价格理论、消费者行为理论、生产理论、分配理论以及微观经济政策。

二、宏观经济学

1. 什么是宏观经济学

"宏观"的英文为"Macro",它来源于希腊文"μακρο",原意是"大"。宏观经济学以整个国民经济为研究对象,通过研究经济中各有关总量的决定及其变化,来说明资源如何才能得到充分利用。

在这一定义中包含了这样几个内容:

第一,研究的对象是整个经济。这就是说,宏观经济学所研究的不是经济中的各个单位,而是由这些单位所组成的整体;不是树木,而是由这些树木所组成的森林。这样,宏观经济学就要研究整个经济的运行方式与规律,从总体上分析经济问题。

第二,解决的问题是资源利用。宏观经济学把资源配置作为既定的因素,研究现有资源未能得到充分利用的原因、达到充分利用的途径,以及如何增长等问题。

第三,中心理论是国民收入决定理论。宏观经济学把国民收入作为最基本的总量,以国民收入的决定为中心来研究资源利用问题,分析整个国民经济的运行。其他理论都围绕这一理论展开。

第四,研究方法是总量分析。总量是指能反映整个经济运行情况的经济变量。这种总量有两类:一类是个量的总和,例如国民收入是组成整个经济的各个单位的收入之总和,总投资是各个厂商的投资之和,总消费是各个居民户消费的总和,等等。另一类是平均量,例如价格水平是各种商品与劳务的平均价格,等等。总量分析就是研究这些总量的决定、变动及其相互关系,从而说明整个经济的状况。正因为如此,宏观经济学也被称为总量经济学。

2. 宏观经济学的基本内容

宏观经济学的主要内容包括：

第一，国民收入决定理论。国民收入是衡量一国经济资源利用情况和整个国民经济状况的基本指标。国民收入决定理论就是要从总需求和总供给的角度出发，分析国民收入决定及其变动的规律。这是宏观经济学的中心。

第二，失业与通货膨胀理论。失业与通货膨胀是各国经济中最主要的问题。宏观经济学把失业与通货膨胀和国民收入联系起来，分析其产生的原因及其相互关系，以便找出解决这两个问题的途径。

第三，经济周期与经济增长理论。经济周期指国民收入的短期波动，经济增长指国民收入的长期增长趋势。这一理论要分析国民收入短期波动的原因、长期增长的源泉等问题，以期实现经济长期稳定的发展。

第四，开放经济理论。现实的经济都是开放型的经济。开放经济理论既要分析一国国民收入的决定与变动如何影响别国，以及如何受别国的影响，也要分析开放经济下一国经济的调节问题。

第五，宏观经济政策。宏观经济学是为国家干预经济服务的，宏观经济理论要为这种干预提供理论依据，而宏观经济政策则是要为这种干预提供具体的措施。政策问题包括：政策目标，即通过宏观经济政策的调节要达到什么目的；政策工具，即用什么具体办法来达到那些目的；政策效应，即宏观经济政策对经济的作用。

对宏观经济运行的不同分析，以及由这些分析所得出的不同政策，构成了不同的经济学流派的基本内容。

三、微观经济学与宏观经济学的关系

从以上的分析中可以看出，微观经济学与宏观经济学在研究的对象、解决的问题、中心理论和分析方法上都是不同的，但它们之间又有着密切的联系，这就在于：

第一，微观经济学与宏观经济学是互相补充的。经济学的目的是要实现社会经济福利的最大化。为了达到这一目的，既要实现资源的最优配置，又要实现资源的充分利用。微观经济学在假定资源已实现充分利用的前提下分析如何达到最优配置的问题；宏观经济学在假定资源已实现最优配置的前提下分析如何达到充分利用的问题。它们从不同的角度分析社会经济问题。从这一意义上说，微观经济学与宏观经济学不是互相排斥的,而是互相补充的。它们共同组成经济学的基本内容。

第二,微观经济学与宏观经济学都是实证分析。微观经济学与宏观经济学都把社会经济制度作为既定的,不分析社会经济制度变动对经济的影响。这就是说,它们都是把资本主义制度作为一个既定的存在,分析这一制度下的资源配置与利用问题。这种不涉及制度问题、只分析具体问题的方法就是实证分析。从这种意义上看,微观经济学与宏观经济学都属于实证经济学的范围。

第三,微观经济学是宏观经济学的基础。整体经济是单个经济单位的总和,总量分析建立在个量分析的基础之上。因此,微观经济学是宏观经济学的基础。也正因为如此,宏观经济学的许多理论是建立在微观经济理论的基础上的,例如,对整个经济消费的分析是以分析单个消费者消费行为的理论为基础的,对整个社会投资的分析也是以单个生产者的投资行为分析为基础的。微观经济学如何成为宏观经济学的基础,是当代西方经济学中的热门话题之一。

应该强调的是,微观经济学与宏观经济学是西方经济学中的基本原理,其他的经济学分支,例如,管理经济学、国际经济学、发展经济学、财政学、货币银行学、区位经济学、家庭经济学、人口经济学等,都是在这一基础之上发展而来的,是微观经济学与宏观经济学的原理在其他领域中的具体运用。因此,我们在学习与研究西方经济学时,应该从微观经济学与宏观经济学入手。这也是我们把这些内容作为本门课程基本内容的原因。

第三节　西方经济学的研究方法

每门科学都有自己的研究方法,经济学自然也不例外。这就是说,经济学要运用一定的方法来研究"大炮与黄油的矛盾"所引起的资源配置与资源利用问题。具体来说,对这些问题既可以用实证的方法进行分析,也可以用规范的方法进行分析。用实证方法来分析经济问题被称为实证经济学,而用规范方法来分析经济问题则被称为规范经济学。我们就从实证经济学与规范经济学入手来介绍西方经济学的研究方法。

一、实证经济学与规范经济学的定义

实证经济学企图超脱或排斥一切价值判断,只研究经济本身的内在规律,并根据这些规律,分析和预测人们经济行为的效果。它要回答"是什么"的问题。

规范经济学以一定的价值判断为基础,提出某些标准作为分析处理经济问题的标准,树立经济理论的前提,作为制定经济政策的依据,并研究如何才能符合这些标准。它要回答"应该是什么"的问题。

为了理解这些定义,需要作以下说明:

第一,价值判断的含义。这里所说的价值不是指商品的价值,而是指经济事务的社会价值,即是好还是坏的问题,大而言之指一种社会经济制度的好坏,小而言之指某一具体事物的好坏。所谓好坏也就是对社会是有积极意义,还是有消极意义。价值判断属于社会伦理学范畴,具有强烈的主观性与阶级性。实证经济学为了使经济学具有客观科学性,就要避开价值判断问题;而规范经济学要判断某一具体经济事务的好坏,则从一定的价值判断出发来研究问题。是否以一定的价值判断为依据,是实证经济学与规范经济学的重要区别之一。

第二,实证经济学与规范经济学要解决的问题不同。实证经济学要解决"是什么"的问题,即要确认事实本身,研究经济本身的客观规律与内在逻辑,分析经济变量之间的关系,并用于进行分析与预测。规范经济学要解决"应该是什么"的问题,即要说明事物本身是好还是坏,是否符合某种价值判断,或者对社会有什么意义。这一点也就决定了实证经济学可以避开价值判断,而规范经济学必须以价值判断为基础。

第三,实证经济学的内容具有客观性,它所得出的结论可以根据事实来进行检验,也不会以人们的意志为转移。规范经济学本身则没有客观性,它所得出的结论要受到不同价值观的影响。不同阶级地位、具有不同价值判断标准的人,对同一事物的好坏会作出可能完全相反的评价,谁是谁非没有什么绝对标准,从而也就无法进行检验。

第四,实证经济学与规范经济学尽管有上述三点差异,但它们并不是绝对互相排斥的。规范经济学要以实证经济学为基础,而实证经济学也离不开规范经济学的指导。一般来说,越是具体的问题,实证的成分越多;而越是高层次、带有决策性的问题,越具有规范性。

可以用大炮与黄油的例子来说明实证经济学与规范经济学。比如,我们研究大炮与黄油的增长问题。从实证经济学的角度,要研究决定大炮与黄油增长的因素是什么,这种增长本身具有什么规律性,等等。由这种研究中所得出的结论是可以验证的。

假定我们在分析决定大炮与黄油的增长因素时发现,如果资本量增加1%、劳动量增加1%,则大炮与黄油的产量可以各增加1%。在实际中,我们按这一发现增加资本量与劳动量各1%,大炮与黄油的产量果然各增加了1%,那就证明了这一发现是真理。而这一真理又不以人们关于大炮与黄油对社会的意义、看法如何而改变。而从规范经济学的角度,我们要研究大炮与黄油的增长到底是一件好事,还是一件坏事。具有不同价值判断标准的人对这一问题会有不同的看法。有人从增长会给社会经济带来福利的增加出发,认为大炮与黄油的增长是一件好事;有人则从增长会给社会带来环境污染、收入分配更加不平等出发,认为大炮与黄油的增长是一件坏事。大炮与黄油的增长既会有好的影响,也会有坏的影响,上述两种观点谁是谁非很难讲清楚。在研究如何使大炮与黄油增长时是用实证的分析,但在经济上决定大炮与黄油的增长率时,首先要从规范的角度说明这种增长究竟有什么社会意义。由于对大炮与黄油增长是好事还是坏事的看法不同,很难得出一致的、具有客观性的结论,所以就要通过中央集权的独裁方式或民主政治中的投票方式来解决问题。

实证经济学与规范经济学所强调的是用不同的方法来研究经济问题。用实证的方法来研究是实证经济学,用规范的方法来研究则是规范经济学。这种划分与强调研究对象的微观经济学与宏观经济学的划分不同。如前所述,微观经济学与宏观经济学都是用实证的方法进行研究,因此,都属于实证经济学。

在西方经济学的发展中,早期强调从规范的角度来分析经济问题。19世纪中期以后,则逐渐强调实证的方法。许多经济学家都认为,经济学的实证化是经济学科学化的唯一途径。只有使经济学实证化,才能使之成为像物理学、化学一样的真正科学。应该说,直至目前,实证经济学仍然是西方经济学中的主流。但也有许多经济学家认识到,经济学并不能完全等同于物理学、化学这些自然科学,它也无法完全摆脱规范问题,即无法回避价值判断。尤其在根据经济学原理制定政策时,一定要以价值判断为基础,这就是要以规范经济学为基础。因此,应该在经济学中把实证的方法与规范的方法结合起来。这一看法是很有道理的。

二、实证分析的方法

实证分析是当代西方经济学中最重要的分析方法,本书所介绍的微观经济学与宏观经济学的基本内容都是以实证分析为主的,所以,在介绍西方经济学的研究方法时,我们重点介绍实证分析的方法。

1. 理论的形成

西方经济学家认为,在运用实证分析方法研究经济问题时,就要提出用于解释经济现象的假说,用事实来检验假说,并根据这一假说而作出预测。这也就是形成理论的过程。理论包括了定义、假设、假说和预测。

定义是对经济学所研究的各种变量规定出明确的含义。变量是一些可以取不同数值的量,经济分析中所常用的变量可以分为内生变量与外生变量。内生变量指由经济体系内的因素所决定的变量,外生变量指由经济体系以外的因素所决定的变量。例如,投资、消费等在由国民收入、利率这些经济体系内的因素决定时就是内生变量,而人口在由生物、自然、社会等经济体系以外的因素决定时就是外生变量。此外还有存量与流量。存量是指一定时点上存在的变量的数值,流量则是指一定时期内发生的变量的数值。例如,人口量一般是指某一时点上的变量,称为存量;国民收入是指某一时期内发生的变量,则称为流量。

假设是某一理论所适用的条件。因为任何理论都是有条件的、相对的,所以在理论的形成中假设非常重要。西方经济学家在分析问题时特别重视假设条件。有一个小故事可以说明这一点。几位在沙漠上旅行的学者讨论如何打开罐头的问题。物理学家说,给我一个聚光镜,我可以用阳光把罐头打开。化学家说,我可以用几种化学药剂的化学反应来打开罐头。而经济学家则说,假设我有一把开罐刀……这说明了经济学家分析问题时总是从"假设如何如何"开始的,离开了一定的假设条件,分析与结论都是毫无意义的。例如,需求定理是在假设消费者的收入、嗜好、人口量、社会风尚等不变的前提下来分析需求量与价格之间的关系。消费者收入、嗜好、人口量、社会风尚等不变就是需求定理的假设。离开这些假设,需求定理所说明的需求量与价格反方向变动的真理就没有意义。在形成理论时,所假设的某些条件往往并不现实,但没有这些假设就很难得出正确的结论。在假设条件下得出结论,就像自然科学在严格的限定条件下分析自然现象一样。我们要习惯这种以一定的假设为前提分析经济问题的方法。

假说是对两个或更多的经济变量之间关系的阐述,也就是未经证明的理论。在理论形成中提出假说是十分重要的,这种假说往往是对某些现象的经验性概括或总结。但要经过验证才能说明它是否能成为具有普遍意义的理论。因此,假说并不是凭空产生的,它仍然来源于实际。

预测是根据假说对未来进行预期。科学的预测是一种有条件性的说明,其形式一般是"如果……就会……"。预测是否正确,是对假说的验证。正确的假说的作用就在于它能正确地预测未来。可以用图 1-2 来说明理论的形成。

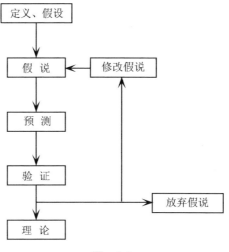

图　1-2

图 1-2 说明了在形成一种理论时,首先要对所研究的经济变量确定定义,并提出一些假设条件。其次,根据这些定义与假设提出一种假说。再次,根据这种假说可以提出对未来的预测。最后,用事实来验证这一预测是否正确。如果预测是正确的,这种假说就是正确的理论;如果预测是不正确的,这种假说就是错误的,要被放弃,或进行修改。本书中所讲的许多理论都是用这种方法形成的。这就是实证分析方法。

2. 实证分析工具

在运用实证方法分析经济问题时,还涉及具体的分析工具,这里我们介绍在经济学中应用最广泛的均衡分析与非均衡分析,以及静态分析与动态分析。

均衡是物理学中的名词。当一个物体同时受到方向相反的两个外力的作用,这两个力量恰好相等时,该物体由于受力相等而处于静止状态,这种状态就是均衡。19 世纪末的英国经济学家 A. 马歇尔把这一概念引入经济学中,指经济中各种对立的、变动着的力量处于一种力量相当、相对静止、不再变动的状态。均衡分析是分析各种经济变量之间的关系,说明均衡的实现条件及其变动。均衡分析又可以分为局部均衡分析与一般均衡分析。局部均衡分析考察在其他条件不变时单个市场的均衡的建立与变动。一般均衡分析考察各个市场之间均衡的建立与变动,它是在各个市场的相互关系中来考察一个市场的均衡问题的。均衡分析偏重于数量分析,非均衡分析则认为经济现象及其变化的原因是多方面的、复杂的,不能单纯用有关变量之间的均衡与不均衡来加以解释,而主张以历史的、制度的、社会的因素作为分析的基本方法,即使是量的分析,非均衡也不是强调各种力量相等时的均衡状态,而是强调各种力量不相等时的非均衡状态。微观经济学与宏观经济学中运用的主要分析工具是均衡分析。

静态分析和动态分析的基本区别在于,前者不考虑时间因素,而后者考虑时间因素。换句话说,静态分析考察一定时期内各种变量之间的相互关系,而动态分析考察各种变量在不同时期的变动情况。静态分析主要是一种横断面分析,不涉及时间因素所引起的变动,而动态分析主要是一种时间序列分析,要涉及时间因素所引起的变动。或者说,静态分析研究经济现象的相对静止状态,而动态分析研究经济现象的发展变化过程。

把均衡分析与静态分析和动态分析结合在一起就产生了三种分析工具:静态均衡分析、比较静态均衡分析与动态均衡分析。静态均衡分析要说明各种经济变量达到均衡的条件;比较静态均衡分析要说明从一种均衡状态变动到另一种均衡状态的过程,即原有的条件变动时均衡状态发生了什么相应的变化,并把新旧均衡状态进行比较;动态均衡分析则要在引进时间因素的基础上说明均衡的实际变化过程,说明某一时点上经济变量的变动如何影响下一时点上该经济变量的变动,以及这种变动对整个均衡状态变动的影响。在微观经济学与宏观经济学中这三种分析工具都得到了运用。

实证分析中涉及的分析工具还很多,例如,归纳分析、演绎分析、计量分析等,这里就不一一介绍了。

3. 理论的表述方式

运用实证分析所得出的各种理论可以用不同的方法进行表述,也就是说,同样的理论内容可以用不同的方法表述。一般来说,经济理论有四种表述方法:

第一,口述法,或称叙述法,指用文字来表述经济理论。
第二,算术表示法,或称列表法,指用表格来表述经济理论。
第三,几何等价法,或称图形法,指用几何图形来表述经济理论。
第四,代数表达法,或称模型法,指用函数关系来表述经济理论。
这四种方法各有优点,在分析经济问题时均得到了广泛的运用。

三、经济理论与经济政策

经济学具有强烈的实用性,是为现实服务的。经济学既包括理论,又包括政策,是两者的结合。

经济理论是对各种经济问题的分析，力图寻找出经济现象本身的客观规律。经济政策是根据经济规律所制定的，因此，经济理论是经济政策的基础。没有正确的经济理论就难以制定出正确的经济政策。经济政策是经济理论的应用。从这种意义上说，经济理论是基础，这也正是经济理论受到重视的原因。

但是，从实际情况来看，也并不一定是先有经济理论而后有经济政策。常见的情况是，先有了解决某个实际问题的经济政策，而后才有为之服务、对之作出解释的经济理论。例如，在20世纪30年代的大危机中就是先有国家干预经济的具体政策，而后才有为这种政策进行解释的凯恩斯主义宏观经济理论。然而，这并不意味着否定经济理论的重要意义。尽管政策可能先于理论，并要求理论对之作出解释，但缺乏正确理论基础的政策可能是盲目的、不完善的，只有以正确的理论为依据，政策才会完善。因此，整个政策的制定、发展和验证都离不开理论。同样，理论也只有为政策服务，并通过政策实施的结果来验证才能证明其正确性。正因为如此，我们在研究经济学时既要研究理论，也要研究政策，把两者有机地结合起来。

一般来说，经济政策可以大致分为微观经济政策和宏观经济政策。前者是以微观经济理论为基础，从中引申出来的；而后者是以宏观经济理论为基础，从中引申出来的。微观经济理论与微观经济政策的结合就是微观经济学，而宏观经济理论与宏观经济政策的结合就是宏观经济学。我们这门课程就是从理论与实际政策结合的角度来介绍与分析西方经济学的基本内容。

第二章　均衡价格理论

改革开放以来,广东人吃鱼的变化给人们留下了深刻的印象。广东是鱼米之乡,改革前鱼价虽然很低,但由于养鱼的人少,人们却难得吃到鱼;改革的初期鱼价放开,价格上升了若干倍,尽管一时鱼的增加并不多,但养鱼的人迅速增加了。过了不久,大量的鱼上市,价格下降了,广东人也随时可以吃到鱼了。我们显然可以看出,这一变化中最关键的因素是价格的变动。价格为什么会有这种作用呢?通过本章对价格形成及其调节经济作用的介绍,你就可以深刻地了解这一点。同时,你还会知道,价格并不是万能的,它有其固有的缺陷。因此,也需要有相应的政策来纠正。

在西方经济学中,价格理论是用需求与供给来说明价格决定的均衡价格理论,因此,我们这一章的介绍就从需求与供给这两个基本概念入手。

第一节 需求与供给

需求与供给是西方经济学中两个最基本的概念。正如一句西方俗语所说:"你甚至可以使鹦鹉成为一个博学的政治经济学者——它所必须学的就是'供给'与'需求'这两个名词。"我们先来介绍需求,然后介绍供给。

一、需求的基本理论

1. 需求的定义

需求是指居民户(消费者)在某一时期内,在每一价格水平时愿意而且能够购买的某种商品量。

我们可以用一个例子来说明需求。假定在 2014 年第一季度(在某一时期内),居民户对每一价格时鱼的需求量如表 2-1 所示。

表 2-1

	价格(元)	需求量(斤)
a	1.8	200
b	1.9	150
c	2.0	100
d	2.1	80
e	2.2	50

这个表明商品(鱼)的价格与需求量之间关系的表称为需求表。根据上表可以画出图 2-1。

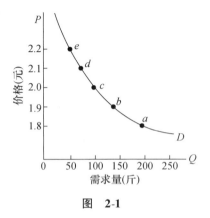

图 2-1

在图 2-1 中,横轴代表需求量,纵轴代表价格,D 即为需求曲线。需求曲线是根据需求表画出的,是表示某种商品价格与需求量关系的曲线,向右下方倾斜。

需求表与需求曲线都刻画了需求。

在理解需求这个概念时,应该注意的是,需求是购买欲望和购买能力的统一,缺少任何一个条件都不能成为需求。需求预测要同时考虑到需求的这两个条件,否则会作出错误的预测。举两个例子。一个例子是 1840 年鸦片战争后,英国企业界为开辟了中国这样一个大市场而高兴。它们把大批的棉布、棉纱,甚至吃饭的刀叉、娱乐的钢琴运往中国。按购买能力来看,当时中国的一些富人是有购买这些产品的能力的,但由于当时中国人还没有消费这些洋货的欲望,故而市场实际上并不存在对这些产品的需求。这种需求预测的错误,在于没有考虑购买欲望。另一个例子,这几年我国汽车行业发展迅速。买汽车当然是每个人的愿望,但许多人收入低买不起汽车,所以造成汽车行业产能过剩。

2. 影响需求的因素：需求函数

影响需求的因素很多，有经济因素，也有非经济因素，概括起来主要有以下几种：

第一，商品本身的价格。商品本身的价格高，需求少；价格低，需求多。这是人所共知的。

第二，其他商品的价格。各种商品之间有着不同的关系，因此，其他商品价格的变动也会影响某种商品的需求。商品之间的关系有两种：一种是互补关系，另一种是替代关系。互补关系是指两种商品共同满足一种欲望，它们之间是相互补充的。例如，录音机和磁带就是这种互补关系。这种有互补关系的商品，当一种商品（例如录音机）价格上升时，对另一种商品（例如磁带）的需求就减少。因为录音机价格上升，人们对录音机的需求减少，对磁带的需求也会减少。反之，当一种商品价格下降时，对另一种商品的需求就增加。两种互补商品之间价格与需求呈反方向变动。替代关系是指两种商品可以互相代替来满足同一种欲望，它们之间是可以互相替代的。例如，羊肉与牛肉就是这种替代关系。这种有替代关系的商品，当一种商品（例如羊肉）价格上升时，对另一种商品（例如牛肉）的需求就增加。因为羊肉价格上升，人们会少吃羊肉，必然会多吃牛肉。反之，当一种商品价格下降时，对另一种商品的需求就减少。两种替代商品之间价格与需求呈同方向变动。

第三，消费者的收入水平。收入水平增加会使需求增加；反之，收入水平下降会使需求减少。

第四，消费者嗜好。随着社会生活水平的提高，消费不仅要满足人们的基本生理需求，还要满足种种心理与社会需求，因此，消费者嗜好，即社会消费风尚的变化对需求的影响也很大。消费者嗜好受种种因素的限制。广告可以在一定程度上影响这种嗜好。这就是许多企业不惜血本大做广告的原因。

第五，消费者对未来的预期。它包括对自己的收入水平、商品价格水平的预期等。如果预期未来收入水平上升，商品价格水平上升，则会增加现在的需求；反之，如果预期未来收入水平下降，商品价格水平下降，则会减少现在的需求。

总之，影响需求的因素是多种多样的，有些主要影响需求欲望（如消费者嗜好与消费者对未来的预期），有些主要影响需求能力（如消费者收入水平）。这些因素的共同作用决定了需求。

如果把影响需求的各种因素作为自变量，把需求作为因变量，则可以用函数关系来表示影响需求的因素与需求之间的关系，这种函数称为需求函数。以 D 代表需求，

$a,b,c,d,\cdots,n$ 代表影响需求的因素,则需求函数为:
$$D = f(a,b,c,d,\cdots,n)$$

3. 需求定理

需求定理是说明商品本身价格与其需求量之间关系的理论。其基本内容是:在其他条件不变的情况下,某商品的需求量与价格之间呈反方向变动,即需求量随商品本身价格的上升而减少,随商品本身价格的下降而增加。在理解需求定理时要注意这样两点:

第一,其他条件不变是指影响需求的其他因素不变。这就是说,需求定理是在假定影响需求的其他因素不变的前提下,研究商品本身价格与需求量之间的关系。离开了这一前提,需求定理就无法成立。例如,如果收入在增加,商品本身的价格与需求量就不一定呈反方向变动。

第二,需求定理指的是一般商品的规律,但这一定理也有例外。比较重要的例外是炫耀性商品与吉芬商品。炫耀性商品是用来显示人的社会身份的商品,例如首饰、豪华型轿车就是这种商品。这种商品只有在高价时才有显示人的社会身份的作用,因此,价格下降时需求反而减少。此外,在某种特定条件下,某些商品的价格上升,需求量反而增加。例如,英国经济学家吉芬发现,在1845年爱尔兰大灾荒时,马铃薯的价格上升,需求量反而增加。这种价格上升、需求增加的情况被称为"吉芬之谜"。具有这种特点的商品被称为吉芬商品。

我们可以用需求函数来表示需求定理,这时需求函数就是:
$$D = a - b \cdot p$$

其中,a,b 都是常数。在 a,b 不变的情况下,p 的数值越大,D 的数值就越小;p 的数值越小,则 D 的数值就越大。

4. 需求量的变动与需求的变动

需求量的变动是指其他条件不变的情况下,商品本身价格变动所引起的需求量的变动。需求量的变动表现为同一条需求曲线上的移动,可以用图2-2来说明这一点。

在图2-2中,当价格由 P_0 上升为 P_1 时,需求量从 Q_0 减少到 Q_1,在需求曲线 D 上则是从 b 点向上方移动到 a 点。当价格由 P_0 下降到 P_2 时,需求量从 Q_0 增加到 Q_2,在需求曲线 D 上则是从 b 点向下方移动到 c 点。可见,在同一条需求曲线上,向上方移动是需求量减少,向下方移动是需求量增加。

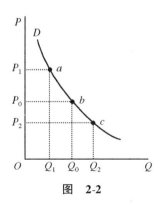

图 2-2

需求的变动是指商品本身价格不变的情况下,其他因素变动所引起的需求的变动。需求的变动表现为需求曲线的平行移动,可以用图 2-3 来说明这一点。

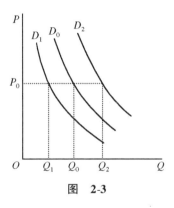

图 2-3

在图 2-3 中,价格是 P_0。由于其他因素变动(例如收入变动)而引起的需求曲线的移动是需求的变动。例如,收入减少了,在同样的价格水平 P_0 时,需求从 Q_0 减少到 Q_1,则是需求曲线由 D_0 移动到 D_1。收入增加了,在同样的价格水平 P_0 时,需求从 Q_0 增加到 Q_2,则是需求曲线由 D_0 移动到 D_2。可见,需求曲线向左方移动是需求减少,需求曲线向右方移动是需求增加。

二、供给的基本理论

1. 供给的含义

供给是指企业(生产者)在某一时期内,在每一价格水平时愿意而且能够供应的某种商品量。

我们可以用一个例子来说明供给。假定在 2014 年第一季度(在某一特定时期内),渔场(企业)在每一价格时鱼的供给量如表 2-2 所示。

表 2-2

	价格(元)	供给量(斤)
a	1.8	50
b	1.9	80
c	2.0	100
d	2.1	150
e	2.2	200

这个表明商品(鱼)的价格与供给量之间关系的表称为供给表。根据上表可以画出图 2-4。

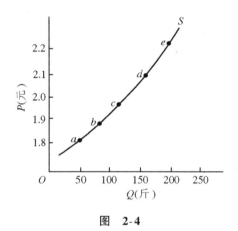

图 2-4

在图 2-4 中,横轴代表供给量,纵轴代表价格,S 即为供给曲线。供给曲线是根据供给表画出的,表示某种商品价格与供给量关系的曲线,向右上方倾斜。

供给表与供给曲线都刻画了供给。

供给也是供给欲望与供给能力的统一。供给能力中包括新生产的产品与过去的存货。

2. 影响供给的因素:供给函数

影响供给的因素很多,有经济因素,也有非经济因素,概括起来主要有以下几种:

第一,厂商的目标。在微观经济学中,一般假设厂商的目标是利润最大化,即厂商供给多少取决于这些供给能否给它带来最大的利润。如果厂商的目标是产量最大或销售收入最大,或者厂商还有其他政治或社会道义目标,那么供给就会不同。

第二,商品本身的价格。一般来说,价格上升,供给增加;价格下降,供给减少。

第三,其他商品的价格。在两种互补商品之间,一种商品的价格上升,对另一种商品的需求减少,从而这种商品的价格下降,供给减少;反之,一种商品的价格下降,对另一种商品的需求增加,从而这种商品的价格上升,供给增加。在两种替代商品之间,一种商品的价格上升,对另一种商品的需求增加,从而这种商品的价格上升,供给增加;反之,一种商品的价格下降,对另一种商品的需求减少,从而这种商品的价格下降,供给减少。此外,两种没有关系的商品,一种商品价格的变动也会影响另一种商品的供给。例如,同一个厂商既生产军用品,又生产民用品。如果军用品价格上升,厂商则会把资源用于生产更多的军用品,从而就减少了民用品的供给。

第四,资源的供给与资源价格。资源丰富,价格低,供给就增加;反之,供给就减少。

第五,生产技术的变动。在资源既定的条件下,生产技术的提高会使资源得到更充分的利用,从而供给增加。

第六,政府的政策。政府采用鼓励投资与生产的政策(例如减税),可以刺激生产,增加供给;反之,政府采用限制投资与生产的政策(例如增税),则会抑制生产,减少供给。

第七,厂商对未来的预期。如果厂商对未来经济持乐观的态度,则会增加供给;反之,如果厂商对未来经济持悲观的态度,则会减少供给。

影响供给的因素要比影响需求的因素复杂得多。在不同的时期、不同的市场上,供给要受多种因素的综合影响。这些以后还会分析,在此不再赘述。

如果把影响供给的各种因素作为自变量,把供给作为因变量,则可以用函数关系来表示影响供给的因素与供给之间的关系,这种函数称为供给函数。以 S 代表供给,$a,b,c,d,\cdots,n$ 代表影响供给的因素,则供给函数为:

$$S = f(a,b,c,d,\cdots,n)$$

3. 供给定理

供给定理是说明商品本身价格与其供给量之间关系的理论。其基本内容是:在其他条件不变的情况下,某商品的供给量与价格之间呈同方向变动,即供给量随商品本身价格的上升而增加,随商品本身价格的下降而减少。在理解供给定理时,要注意这样两点:

第一,其他条件不变是指影响供给的其他因素不变。这就是说,供给定理是在假定影响供给的其他因素不变的前提下,研究商品本身价格与供给量之间的关系。离开了这一前提,供给定理就无法成立。例如,如果厂商生产某种产品的目的不是实现利润最大化,而是为了某种社会目的(例如为了人道主义而生产残疾人用品),那么,商品本身的价格与供给量就不一定呈同方向变动。

第二,供给定理指的是一般商品的规律,但这一定理也有例外。例如,有些商品的供给量是固定的,价格上升,供给也无法增加。文物、艺术品就属于这种情况。

我们可以用供给函数来表示供给定理,这时供给函数就是:

$$S = -a + b \cdot p$$

其中,a, b 都是常数,在 a, b 不变的情况下,p 的数值越大,S 的数值就越大;p 的数值越小,则 S 的数值就越小。

4. 供给量的变动与供给的变动

供给量的变动是指其他条件不变的情况下,商品本身价格变动所引起的供给量的变动。供给量的变动表现为同一条供给曲线上的移动,可以用图 2-5 来说明这一点。

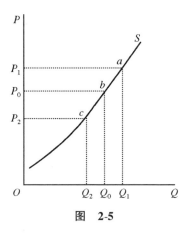

图 2-5

在图 2-5 中,当价格由 P_0 上升为 P_1 时,供给量从 Q_0 增加到 Q_1,在供给曲线 S 上则是从 b 点向上方移动到 a 点。当价格由 P_0 下降为 P_2 时,供给量从 Q_0 减少到 Q_2,在供给曲线 S 上则是从 b 点向下方移动到 c 点。可见,在同一条供给曲线上,向上方移动是供给量增加,向下方移动是供给量减少。

供给的变动是指商品本身价格不变的情况下,其他因素变动所引起的供给的变动。供给的变动表现为供给曲线的平行移动,可以用图 2-6 来说明这一点。

在图 2-6 中,价格是 P_0。由于其他因素变动(例如生产要素价格变动)而引起的供给曲线的移动是供给的变动。例如,生产要素价格下降了,在同样的价格水平 P_0 时,

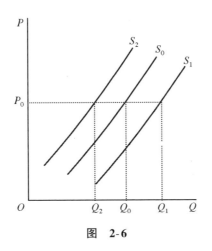

图 2-6

厂商所得到的利润增加,从而产量增加,供给从 Q_0 增加到 Q_1,则供给曲线由 S_0 移动到 S_1。生产要素价格上升了,在同样的价格水平 P_0 时,厂商所得到的利润减少,从而产量减少,供给从 Q_0 减少到 Q_2,则供给曲线由 S_0 移动到 S_2。可见,供给曲线向左方移动是供给减少,供给曲线向右方移动是供给增加。

第二节 均衡价格

在理解了需求与供给的基础上,我们就可以介绍均衡价格的形成,为下一节说明价格对经济的调节,以及旨在纠正价格调节缺陷的价格政策奠定基础。

一、均衡价格的形成

均衡价格是指一种商品需求与供给相等时的价格。这时该商品的需求价格与供给价格相等(被称为均衡价格),该商品的需求量与供给量相等(被称为均衡数量),可用图 2-7 来说明均衡价格。

在图 2-7 中,横轴代表数量(需求量与供给量),纵轴代表价格(需求价格与供给价格)。D 为需求曲线,S 为供给曲线。D 与 S 相交于 E 点,这就决定了均衡价格为 2 元,均衡数量为 100 斤。

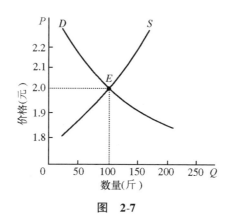

图 2-7

对均衡价格的理解应注意这样三点：

第一，均衡价格的含义。正如我们在介绍均衡分析时所讲过的，均衡是指经济中各种对立的、变动着的力量处于一种力量相当、相对静止、不再变动的状态。均衡一旦形成之后，如果有另外的力量使它离开原来均衡的位置，则会有其他力量使之恢复到均衡。由此可见，均衡价格就是由于需求与供给这两种力量的作用使价格处于一种相对静止、不再变动的状态。

第二，决定均衡价格的是需求与供给。这里要强调的是，在一个完全竞争、不存在垄断的市场上，只有需求与供给决定价格，它们就像一把剪刀的两刃一样起作用，不分主次。因此，需求与供给的变动都会影响均衡价格的变动。

第三，市场上各种商品的均衡价格是最后的结果，其形成过程是在市场的背后自发地进行的。

我们可以用表2-3与根据该表作的图2-8来说明均衡价格的形成过程。

表 2-3

供给量(斤)	价格(元)	需求量(斤)
50	1.8	200
80	1.9	150
100	2.0	100
150	2.1	80
200	2.2	50

我们可以假设，在市场上有一个叫价者，他先报出每斤鱼的价格为2.1元，这时需求量为80斤，而供给量为150斤，供给量大于需求量，鱼卖不出去，必然降价。他再报出每斤鱼的价格为1.9元，这时需求量为150斤，而供给量为80斤，需求量大于供

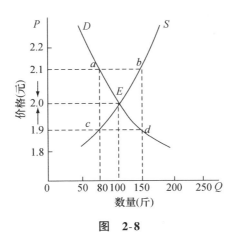

图 2-8

量,鱼供不应求,必然提价。叫价者在多次报价之后,最终会叫到每斤 2 元,这时需求量为 100 斤,供给量为 100 斤,供求相等,于是就得出均衡价格为 2 元,均衡数量为 100 斤。

二、需求与供给变动对均衡的影响

均衡价格与均衡数量是由需求与供给决定的。所以,供求的变动会引起均衡的变动。

1. 需求变动对均衡的影响

可用图 2-9 来说明这种情况。

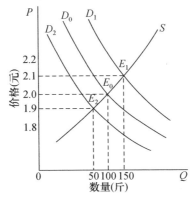

图 2-9

在图 2-9 中,D_0 是需求曲线,D_0 与供给曲线 S 相交于 E_0,决定了均衡价格为 2 元,均衡数量为 100 斤。

需求增加,需求曲线向上方移动,即由 D_0 移动到 D_1。D_1 与 S 相交于 E_1,决定了均衡价格为 2.1 元,均衡数量为 150 斤。这表明由于需求的增加,均衡价格上升了,均衡数量增加了。

需求减少,需求曲线向下方移动,即由 D_0 移动到 D_2。D_2 与 S 相交于 E_2,决定了均衡价格为 1.9 元,均衡数量为 50 斤。这表明由于需求的减少,均衡价格下降了,均衡数量减少了。

2. 供给变动对均衡的影响

可用图 2-10 来说明这种情况。

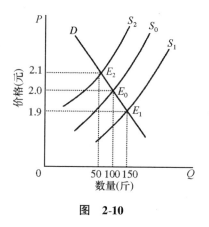

图 2-10

在图 2-10 中,S_0 是供给曲线,S_0 与需求曲线 D 相交于 E_0,决定了均衡价格为 2 元,均衡数量为 100 斤。

供给增加,供给曲线向下方移动,即由 S_0 移动到 S_1,S_1 与 D 相交于 E_1,决定了均衡价格为 1.9 元,均衡数量为 150 斤。这表明由于供给的增加,均衡价格下降了,均衡数量增加了。

供给减少,供给曲线向上方移动,即由 S_0 移动到 S_2,S_2 与 D 相交于 E_2,决定了均衡价格为 2.1 元,均衡数量为 50 斤。这表明由于供给的减少,均衡价格上升了,均衡数量减少了。

3. 供求定理

从以上关于需求与供给变动对均衡的影响的分析可以得出:

第一,需求的增加引起均衡价格上升,需求的减少引起均衡价格下降;需求的增加引起均衡数量增加,需求的减少引起均衡数量减少。所以说,需求的变动引起均衡价格与均衡数量同方向变动。

第二,供给的增加引起均衡价格下降,供给的减少引起均衡价格上升;供给的增加引起均衡数量增加,供给的减少引起均衡数量减少。所以说,供给的变动引起均衡价格反方向变动,引起均衡数量同方向变动。

这就是微观经济学中的供求定理。

第三节 价格机制与价格政策

在市场经济中,经济的运行是由价格调节的。这就是说,资源配置是由价格来决定的。那么,价格如何调节经济?它有什么作用,又有什么缺陷?应该如何加以限制呢?这些正是本节要讲述的内容。

一、价格机制及其对经济的调节

1. 什么是价格机制

要了解价格对经济的调节,首先要了解价格机制这个经常见到,但又未必人人都了解其含义的概念。

什么是价格机制?我们先来介绍"机制"。"机制"是从"机器"与"制动"这两个科技术语中各取一字构成的。其原意是指机器构造及其制动原理和运行规则;后来生物学和医学借用机制一词来指生物体尤其是人体的结构和功能,即它们内在运行、调节的方式和规律。20世纪40年代末美国科学家维纳提出控制论以后,人们把社会作为一个有机的整体,机制一词被用来说明社会本身的运行、调节的方式和规律。价格机制又称市场机制,是指价格调节社会经济生活的方式与规律。价格机制包括价格调节经济的条件,价格在调节经济中的作用,以及价格调节经济的方式。所以,价格机制概述了市场经济中价格调节经济的方式及其内在规律。

2. 价格机制调节经济的条件

价格机制能起到调节经济的作用需要具备三个条件：

第一，各经济单位作为独立的经济实体存在。经济中的基本单位是居民户和企业，居民户又称消费者或买方，是能作出独立消费决策的经济单位。企业又称生产者或卖方，是能作出独立生产决策的经济单位。它们作为独立的经济单位有权拥有并使用自己的资源（或收入）。它们根据最大化的原则（居民户消费的唯一目的是满足程度最大化，企业生产的唯一目的是利润最大化）而作出自己的消费或生产决策。

第二，存在市场。市场是各经济单位发生关系进行交易的场所。各经济单位都是独立经营的，它们之间的联系只有通过市场来实现。只有在市场交易过程中才能形成调节经济的价格。这里所说的市场包括劳动力市场、商品市场和金融市场。价格对经济的调节作用正是通过市场来实现的。

第三，市场竞争的完全性。这就是说，市场上的竞争不应受到任何限制或干扰，特别是价格只由市场上的供求关系所决定，而不受其他因素的影响。换句话说，也就是没有垄断或国家干预市场活动，特别是干预价格的形成及其作用。在存在垄断或国家干预的情况下，价格机制的正常调节作用就会受到某种限制。

3. 价格机制调节经济的作用

美国经济学家 M.弗里德曼把价格在经济中的作用归纳为三种："第一，传递信息；第二，提供一种刺激，促使人们采用最节省成本的生产方法，把可得到的资源用于最有价值的目的；第三，决定谁可以得到多少产品，即收入的分配。这三个作用是密切关联的。"[①] 这三个作用实际上是说价格解决了资源配置所包含的三个问题：生产什么、如何生产和为谁生产。这里我们无不涉及"如何生产"和"为谁生产"的问题，从"生产什么"这一问题来考虑价格对经济的调节作用。这时，价格的具体作用就是：

第一，作为指示器反映市场的供求状况。市场的供求受各种因素的影响，每时每刻都在变化。这种变化是难以直接观察到的，但它反映在价格的变动上，人们可以通过价格的变动来确切了解供求的变动。这正如锅炉中水的温度人们是无法直接观测

---

① M.弗里德曼、R.弗里德曼：《自由选择：个人声明》，商务印书馆，1982年，第19页。

到的,只能反映在温度计上,通过温度计来了解锅炉中水的温度一样。价格受供求的影响而迅速变动。某种商品的价格上升,就表示这种商品的需求大于供给;反之,这种商品的价格下降,就表示它的需求小于供给。价格作为供求状况指示器的作用是其他任何东西都不能代替的。

第二,价格的变动可以调节需求。消费者为了实现效用最大化,一定要按价格的变动来进行购买与消费。当某种商品的价格下降时,人们会增加对它的购买;当这种商品的价格上升时,人们会减少对它的购买。在市场经济中,消费者享有完全的消费自由,他们的购买行为只受价格的支配。因此,提价可以减少需求,降价则可以增加需求。价格的这种作用也是其他东西所不能代替的。

第三,价格的变动可以调节供给。厂商为了实现利润最大化,一定要按价格的变动来进行生产与销售。当某种商品的价格下降时,厂商会减少产量;当这种商品的价格上升时,厂商又会增加产量。在市场经济中,厂商享有完全的生产自由,它们的生产行为只受价格的支配。因此,提价可以增加供给,降价可以减少供给。价格的这种作用也是其他东西所不能代替的。

第四,价格可以使资源配置达到最优状态。通过价格对需求与供给的调节,最终会使需求与供给相等。当需求等于供给时,消费者的欲望得到了满足,生产者的资源得到了充分利用。社会资源通过价格分配于各种用途上,这种分配使消费者的效用最大化和生产者的利润最大化得以实现,从而这种配置就是最优状态。

那么,价格如何调节经济的运行呢?当市场上某种商品的供给大于需求时,这种商品会出现供给过剩,供给过剩说明资源配置不合理。供给大于需求的情况会使该产品的价格下降。这样,一方面刺激了消费,增加了对该商品的需求;另一方面抑制了生产,减少了对该商品的供给。价格的这种下降,最终必将使该商品的供求相等,从而使资源得到更合理配置。同理,当某种商品供给小于需求时,也会通过价格的上升而使供求相等。价格的这一调节过程,是在市场经济中每日每时进行的。价格把各个独立的消费者与生产者的活动联系在一起,并协调他们的活动,从而使整个经济和谐而正常地运行。

二、价格机制的缺陷

许多西方经济学家称赞价格机制的完善性,认为它像一只"看不见的手",协调着整个社会的经济活动,使资源配置达到最优,使社会经济自发而有条不紊地运行。

应该承认,价格机制对经济的调节的确有相当大的作用,但世界上并没有十全十美的事物,价格机制在对经济调节起着不可忽视的积极作用的同时,也有其必不可免的弊病。

首先,正如以前所指出的,价格机制的充分发挥作用是以完全竞争和信息对称为前提的。但是,现实中很难存在不受任何干扰与阻碍的完全竞争。生产的集中与积聚必然出现垄断,由完全竞争向垄断的过渡是一个历史的必然。在出现了垄断,或者竞争与垄断并存的情况下,价格机制的作用就会受到不同程度的限制。而且,现实生活中信息是不对称的,买卖双方相互并不完全了解。这时,价格并不完全是由市场的供求关系所决定的,并不能完全迅速而准确地反映供求状况的变动,也就无法使资源配置达到最优化,资源的浪费也就必不可免。这就是说,在现实中价格机制难以起到它应有的作用,这是由于价格机制发挥作用的条件不充分而引起的。

其次,价格机制对经济的调节有其自发性与盲目性,这样,就使价格机制在调节经济的同时也会具有某种破坏性。在以上关于价格机制作用的论述中有一个暗含的假设:信息的传递是迅速的、无代价的。但实际上,信息的收集与传递需要时间与金钱。价格并不能迅速而准确地反映市场上瞬息万变的供求关系,居民户和厂商也无法迅速而免费地获得必要的市场信息。生产的不足或过剩、资源配置的失误都难免会发生。供求的均衡往往是通过强制性的破坏来实现的。从19世纪就已经开始的无数次经济危机正是价格机制失灵的标志,而20世纪30年代资本主义世界爆发的空前的大危机宣告了价格机制神话的破产。

最后,价格机制调节的结果并不一定是合意的。一种情况是,从短期来看,这种供求决定的均衡价格也许是合适的,但从长期来看,对生产有不利的影响。例如,当农产品过剩时,农产品的价格会较大幅度地下降,这种下降会抑制农业生产。从短期来看,这种抑制作用有利于供求平衡。但农业生产周期较长,农产品的低价格对农业产生抑制作用之后,将会对农业生产的长期发展产生不利影响,当人们对农产品的需求增加后,农产品并不能迅速增加,这样就会影响经济的稳定。特别是当农业中的基本生产要素——土地用作他用(如改为高尔夫球场或建房)后,再无法用于农业。这就会动摇农业的根基,使之陷入无法恢复的衰落。因此,供求关系引起的农产品价格波动,从长期来看不利于农业的稳定。农业的发展需要稳定的价格作保证。另一种情况是,由供给与需求所决定的价格会产生不利的社会影响。例如,当某些生活必需品严重短缺时,价格会很高。在这种价格之下,收入水平低的人无法维持其最低水平的生活,必然产生社会动乱。这就是某些西方经济学家所说的,当牛奶的价格很高时,富人可以用牛奶喂狗,而穷人的儿子却喝不上牛奶,能说这种价格是合理的吗?可见,这种价格是不合理的,社会当然不能容许这种价格维持下去。

应该说,市场机制对经济的调节作用是重要的,所以市场经济是调节经济的一种好方法。我国正是基于这种认识从计划经济转向市场经济,但是市场机制并非十全十美,也不是万能的。所以,政府在市场机制调节出现问题时,应当起到有效的纠错作用。

三、价格政策

正因为价格机制并不完善,因此,就要由国家运用经济政策来对价格机制进行干预。如果说,价格是"看不见的手",那么,对价格的干预就可以称为"看得见的手"。国家干预价格机制作用的政策是多种多样的。这里我们介绍两种价格政策:支持价格与限制价格。

1. 支持价格

支持价格政策是政府为了扶植某一行业的生产而规定的该行业产品的最低价格。可用图2-11来分析支持价格所产生的后果。

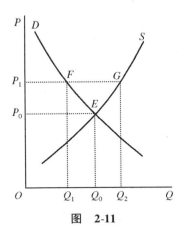

图 2-11

从图2-11中可以看出,该行业产品由供求所决定的均衡价格为P_0,均衡数量为Q_0。政府为支持该行业生产而规定的支持价格为P_1,$P_1 > P_0$,即支持价格一定高于均衡价格。这时,需求量为Q_1,而供给量为Q_2,$Q_2 > Q_1$,即供给量大于需求量,Q_1Q_2为供给过剩部分。为了维持支持价格,过剩的产品要由政府收购。

许多国家都通过不同的形式对农产品实行支持价格政策。这种政策一般有两种形式:一种是缓冲库存法,即政府或其代理人按照某种平价收购全部农产品,在供大于求时增加库存或出口,在供小于求时减少库存,以平价进行买卖,从而使农产品价格由于政府的支持而维持在某一水平上。另一种是稳定基金法,也是由政府或其代理人按照某种平价收购全部农产品,但并不是建立库存,进行存货调节,以平价买卖,而是供大于求时以低价出售,供小于求时以高价出售。这种情况下,收购农产品的价格也是稳定的,但销价不稳定,同样可以起到支持农业生产的作用。各国对农产品平价,即支持价格的确定方法也不完全相同。美国是根据平价率来确定支持价格。平价率是指农场主销售农产品所得收入与购买工业品支付价格(包括利息、税款和工资等)之间的比率,即工农业产品的比价关系。它反映了农民购买力的变动情况。美国以1910—1914年间的平价率作为基数来计算其他各年的平价率,并按平价率的变动来调整支持价格。法国是建立由政府官员、农民、中间商和消费者代表组成的农产品市场管理组织,由这一组织制定目标价格(能得到的最高价格)、干预价格(能保证的最低价格,即支持价格)和门槛价格(农产品最低进口价格)。当农产品低于干预价格时,由政府按干预价格收购全部农产品;当农产品高于目标价格时,则由政府抛出或进口农产品。法国95%左右的农产品都受到这种价格干预。

从长期来看,支持价格政策确实有利于农业的发展。这主要表现在:第一,这种政策稳定了农业生产,减缓了经济危机对农业的冲击;第二,通过对不同农产品的不同支持价格,可以调整农业内部结构,使之适应市场需求的变动;第三,扩大农业投资,促进了农业现代化的发展和劳动生产率的提高。正因为如此,实行农产品支持价格的国家,农业生产发展都较好。但支持价格政策也有其副作用,主要是财政支出增加,使政府背上沉重包袱。

2. 限制价格

限制价格是政府为了限制某些生活必需品的物价上涨而规定的这些产品的最高价格。可用图2-12来分析限制价格所产生的后果。

从图2-12中可以看出,这些产品由供求所决定的均衡价格为P_0,均衡数量为Q_0。但在这种价格时,穷人无法得到他所需要的生活必需品。政府为了限制过高的价格,规定了限制价格为P_1,$P_1<P_0$,即限制价格一定低于均衡价格。这时,需求量为Q_2,而供给量为Q_1,$Q_2>Q_1$,即产品供给不足,Q_1Q_2为供给不足的部分。为了维持限制价格,政府就要实行配给制。

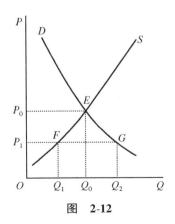

图 2-12

限制价格政策一般是在战争或自然灾害等特殊时期使用。但也有许多国家对某些生活必需品或劳务,长期实行限制价格政策。例如,法国在第二次世界大战后对关系国计民生的煤炭、电力、煤气、交通与邮电服务等,都实行了限制价格政策。而英国、瑞典、澳大利亚等国,则对房租实行限制价格政策。还有一些国家,对粮食等生活必需品实行限制价格政策。

限制价格政策虽然有利于社会平等的实现、有利于社会的安定,但会引起严重的不利后果。这主要表现在:第一,价格水平低不利于刺激生产,从而会使产品长期存在短缺现象。对价格的限制,尤其是较长期的限制,是限制生产发展的一个重要因素。例如,本章开头所讲的改革开放前广东地区鱼价低、市场缺鱼就是这种情况。再如,低房租政策是各国运用较多的一种限制价格政策,这种政策固然使低收入者可以有房住,但却会使房屋更加短缺。所以,有的经济学家说,破坏一个城市建筑的方法,除了轰炸之外,就是低房租政策了。第二,价格水平低不利于抑制需求,从而会在资源缺乏的同时又造成严重的浪费。例如,埃及的大部分粮食依靠进口,但却对面包实行相当低的限制价格,每个面包仅两皮阿斯特。① 这样,面包的价格比动物饲料还便宜,饲料的价格 10 倍于面包。用宝贵外汇进口小麦制成的面包有 30%—40% 被用作饲料。第三,限制价格之下所实行的配给制会引起社会风气败坏。配给制之下会产生黑市交易,会出现寻租现象。有权者会利用他们手中的权力套购低价物资进行倒卖,无权者只有通过贿赂等方法,才能得到平价的短缺物资。价格水平不合理是官员腐败等不良社会风气的经济根源之一。正因为以上原因,一般经济学家都反对长期采用限制价格政策。

价格政策还是相当广泛的。除了对产品实行支持价格或限制价格之外,对生产要素的价格也可实行管制。例如,最低工资法就是一种支持价格,而最高利息率限制、最

---

① 皮阿斯特为埃及的一种货币单位,两皮阿斯特相当于一美分。

高租金限制等，则是对资本和土地的限制价格。在对外贸易中，出口补贴、进口关税都属于变相的价格管制政策。对这些问题，我们就不作一一分析了。

第四节 需求弹性理论

价格的变动会引起需求量或供给量的变动，但需求量或供给量对价格变动的反应程度是不同的。有一些商品价格变动的幅度小，而需求量或供给量变动的幅度大；另有一些商品价格变动的幅度大，而需求量或供给量变动的幅度小。弹性理论正是要说明价格变动与需求量或供给量变动之间的这种量的关系的。

弹性分为需求弹性和供给弹性。需求弹性又分为需求的价格弹性、需求的收入弹性与需求的交叉弹性。这里我们介绍需求的价格弹性。

一、需求的价格弹性：含义与分类

1. 需求的价格弹性的含义

需求的价格弹性又称需求弹性，指由于价格变动的比率所引起的需求量变动的比率，即需求量变动对价格变动的适应程度。

各种商品的需求弹性是不同的，一般用需求弹性的弹性系数来表示弹性的大小。弹性系数是需求量变动的比率与价格变动的比率的比值。如果以 Ed 代表需求弹性的弹性系数，以 $\frac{\Delta Q}{Q}$ 代表需求量变动的比率，以 $\frac{\Delta P}{P}$ 代表价格变动的比率，则需求弹性的弹性系数的公式就是：

$$Ed = \frac{\Delta Q/Q}{\Delta P/P}$$

例如，某种商品的价格变动 10% 时，需求量变动 20%，则这种商品需求弹性的弹性系数为 2。

这里我们要注意，因为价格与需求量呈反方向变动，所以当价格增加时，需求量减少，即价格的变动为正值时，需求量的变动为负值；同理，当价格降低时，需求量增加，即价格的变动为负值时，需求量的变动为正值。所以，需求弹性的弹性系数应该为负值。但在实际运用时,为了方便起见,一般都取其绝对值。

2. 需求的价格弹性的分类

各种商品的需求弹性不同,根据需求弹性的弹性系数的大小,可以把需求的价格弹性分为五类:

第一,需求完全无弹性,即 $Ed=0$。在这种情况下,无论价格如何变动,需求量都不会变动。这时的需求曲线是一条与横轴垂直的线,如图2-13中的 D。

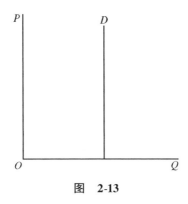

图 2-13

第二,需求有无限弹性,即 $Ed\to\infty$。在这种情况下,当价格为既定时,需求量是无限的。这时的需求曲线是一条与横轴平行的线,如图2-14中的 D。

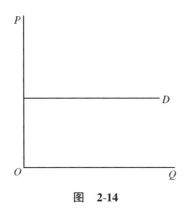

图 2-14

第三,单位需求弹性,即 $Ed=1$。在这种情况下,需求量变动的比率与价格变动的比率相等。这时的需求曲线是一条正双曲线(这一点可以用数学证明,这里不介绍这种证明了),如图2-15中的 D。

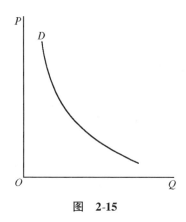

图 2-15

以上三种情况都是需求弹性的特例,在现实生活中是很少出现的。现实中常见的是以下两种情况:

一是需求缺乏弹性,即 $1 > Ed > 0$。在这种情况下,需求量变动的比率小于价格变动的比率。这时的需求曲线是一条比较陡峭的线,如图 2-16 中的 D。

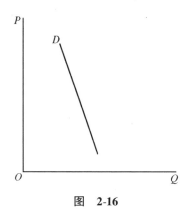

图 2-16

二是需求富有弹性,即 $\infty > Ed > 1$。在这种情况下,需求量变动的比率大于价格变动的比率。这时的需求曲线是一条比较平坦的线,如图 2-17 中的 D。

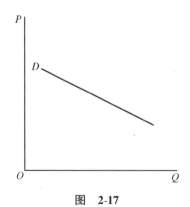

图 2-17

3. 影响需求弹性的因素

为什么各种商品的需求弹性不同呢？一般来说，有这样几种因素影响着需求弹性的大小：

第一，消费者对某种商品的需求程度，即该商品是生活必需品，还是奢侈品。一般来说，消费者对生活必需品的需求强度大而稳定，所以生活必需品的需求弹性小，而且，越是生活必需品，其需求弹性越小。例如，粮食、蔬菜这类生活必需品的弹性一般都小，属于需求缺乏弹性的商品。相反，消费者对奢侈品的需求强度小而不稳定，所以奢侈品的需求弹性大。例如，到国外旅行这类消费的需求弹性一般都大，属于需求富有弹性的商品。根据一些美国经济学家在 20 世纪 70 年代的估算，在美国，土豆的弹性系数为 0.31，咖啡的弹性系数为 0.25，而到国外旅行的弹性系数为 4。

第二，商品的可替代程度。如果一种商品有许多替代品，那么，该商品的需求就富有弹性。因为价格上升时，消费者会购买其他替代品；价格下降时，消费者会购买这种商品来取代其他替代品。例如，据估算，美国消费者航空旅行的需求弹性为 2.4，主要是因为航空旅行有汽车旅行、火车旅行等作为替代。相反，如果一种商品的替代品很少，则该商品的需求就缺乏弹性。例如，法律服务几乎没有可以替代的服务，所以，其需求弹性为 0.5。

第三，商品本身用途的广泛性。一种商品的用途越广泛，其需求弹性也就越大，而一种商品的用途越狭窄，则其需求弹性也就越小。例如，在美国，电力的需求弹性是 1.2，这就与其用途广泛相关；而小麦的需求弹性仅为 0.08，这就与其用途狭窄有关。

第四，商品使用时间的长短。一般来说，使用时间长的耐用消费品需求弹性大，而使用时间短的非耐用消费品需求弹性小。例如，在美国，电冰箱、汽车这类耐用消费品的需求弹性在 1.2—1.6 之间，而报纸、杂志这种看完就基本无用的印刷品的需求弹性仅是 0.1。

第五，商品在家庭支出中所占的比例。在家庭支出中所占比例小的商品，价格变动对需求的影响小，所以其需求弹性也小；相反，在家庭支出中所占比例大的商品，价格变动对需求的影响大，所以其需求弹性也大。例如，在美国，香烟占家庭支出的比例很小，其需求弹性为 0.3—0.4，而汽车占家庭支出的比例较大，其需求弹性则在 1.2—1.5 之间。

某种商品的需求弹性到底有多大，是由上述这些因素综合决定的，不能只考虑其中的一种因素。而且，某种商品的需求弹性也因时期、消费者收入水平和地区而不同。

二、需求的价格弹性与总收益

当某种商品的价格变动时,它的需求弹性的大小与出售该商品所能得到的总收益是密切相关的。因为总收益等于价格乘以销售量。价格的变动引起需求量的变动,从而也就引起了销售量的变动。不同商品的需求弹性不同,价格变动引起的销售量的变动不同,从而总收益的变动也就不同。下面我们分析需求富有弹性的商品与需求缺乏弹性的商品的需求弹性与总收益之间的关系。

1. 需求富有弹性的商品需求弹性与总收益之间的关系

如果某种商品的需求是富有弹性的,那么当该商品的价格下降时,需求量(从而销售量)增加的幅度大于价格下降的幅度,所以总收益会增加。

以电视机为例。假定电视机的需求是富有弹性的,$Ed=2$。当价格为 500 元($P_1=500$ 元),销售量为 100 台($Q_1=100$ 台),这时总收益 TR_1 为:

$$TR_1 = P_1 \cdot Q_1 = 500 \times 100 = 50\,000(元)$$

现在假定电视机的价格下降 10%($P_2=450$ 元),因为 $Ed=2$,所以销售量增加 20%($Q_2=120$ 台),这时总收益 TR_2 为:

$$TR_2 = P_2 \cdot Q_2 = 450 \times 120 = 54\,000(元)$$

$$TR_2 - TR_1 = 54\,000 - 50\,000 = 4\,000(元)$$

这表明,由于价格下降,电视机的总收益增加了。

需求富有弹性的商品价格下降而总收益增加,就是我们一般所说的"薄利多销"的原因所在。"薄利"就是降价,降价能"多销","多销"则会增加总收益,所以,能够做到薄利多销的商品是需求富有弹性的商品。

如果某种商品的需求是富有弹性的,那么当该商品的价格上升时,需求量(从而销售量)减少的幅度大于价格上升的幅度,所以总收益会减少。

仍以电视机为例。假定现在电视机的价格上升了 10%($P_2=550$ 元),因为 $Ed=2$,所以销售量减少 20%($Q_2=80$ 台),这时总收益 TR_2 为:

$$TR_2 = P_2 \cdot Q_2 = 550 \times 80 = 44\,000(元)$$

$$TR_2 - TR_1 = 44\,000 - 50\,000 = -6\,000(元)$$

这表明,由于价格上升,电视机的总收益减少了。

需求富有弹性的商品价格上升而总收益减少,说明了这类商品如果调价不当,则会带来损失。例如,1979 年我国农副产品调价,猪肉价格上调 20% 左右,在当时的生活水平下,人们对猪肉的需求富有弹性,猪肉涨价后人们将部分购买力转向其他替代品,猪肉的需求量迅速下降。国家不得不将一些三、四级猪肉降价出售,加上库存积压,财政损失 20 多亿元;再加上农副产品提价后发给职工的补助 20 多亿元,财政支出增加 40 多亿元。[①] 类似这样的例子还不少。

根据富有弹性的商品涨价与降价所引起的总收益的变化可以得出:如果某种商品是富有弹性的,则价格与总收益呈反方向变动,即价格上升,总收益减少;价格下降,总收益增加。可用图 2-18 来说明这一点。

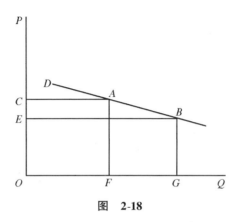

图 2-18

在图 2-18 中,D 是某种需求富有弹性商品的需求曲线。当价格为 C 时,销售量为 F,总收益为 $OFAC$;当价格为 E 时,销售量为 G,总收益为 $OGBE$。由图中可以看出,当价格由 C 降为 E 时,$OGBE - OFAC > 0$,总收益增加;当价格由 E 上升为 C 时,$OFAC - OGBE < 0$,总收益减少。

2. 需求缺乏弹性的商品需求弹性与总收益的关系

如果某种商品的需求是缺乏弹性的,那么当该商品的价格下降时,需求量(从而销售量)增加的幅度小于价格下降的幅度,所以总收益会减少。

以面粉为例。假定面粉是需求缺乏弹性的,$Ed = 0.5$。当价格为 0.2 元($P_1 = 0.2$ 元),销售量为 100 斤($Q_1 = 100$ 斤),这时总收益 TR_1 为:
$$TR_1 = P_1 \cdot Q_1 = 0.2 \times 100 = 20(元)$$
现在假定面粉的价格下降 10%($P_2 = 0.18$ 元),因为 $Ed = 0.5$,所以销售量增加 5%($Q_2 = 105$ 斤),这时总收益 TR_2 为:

---

① 万解秋、章建新:"试论需求效用学说对我国价格制度改革的作用",《世界经济文汇》,1985 年第 4 期。

$$TR_2 = P_2 \cdot Q_2 = 0.18 \times 105 = 18.9(元)$$
$$TR_2 - TR_1 = 18.9 - 20 = -1.1(元)$$

这表明,由于价格下降,面粉的总收益减少了。

中国有句古语叫"谷贱伤农",意思是指虽然丰收了,但是由于粮价下跌,农民的收入减少了。其原因就在于粮食是生活必需品,需求缺乏弹性。由于丰收而造成的粮价下跌,并不会使需求量同比例增加,从而总收益减少,农民受损失。此外,在资本主义社会,经济危机时期曾出现过把农产品毁掉的做法,究其根源也在于这些农产品的需求缺乏弹性,降价不会引起需求量的大幅度增加,只会减少总收益,所以将这些农产品毁掉反而会减少损失。

如果某种商品的需求是缺乏弹性的,那么当该商品的价格上升时,需求量(从而销售量)减少的幅度小于价格上升的幅度,所以总收益会增加。

仍以面粉为例。假定现在面粉的价格上升了10%($P_2 = 0.22$元),因为$Ed = 0.5$,所以销售量减少5%($Q_2 = 95$斤),这时总收益TR_2为:

$$TR_2 = P_2 \cdot Q_2 = 0.22 \times 95 = 20.9(元)$$
$$TR_2 - TR_1 = 20.9 - 20 = 0.9(元)$$

这表明,由于价格上升,面粉的总收益增加了。

卖者收益的增加,也就是买者总支出的增加。由此可以看出,粮油、蔬菜、副食、日用品这类生活必需品的涨价一定要谨慎,因为这类商品的需求弹性很小,涨价后人们的购买量不会减少很多,这样就会增加人们的生活支出,造成实际收入下降,影响社会安定。

根据缺乏弹性的商品涨价与降价所引起的总收益的变化得出:如果某种商品是缺乏弹性的,则价格与总收益呈同方向变动,即价格上升,总收益增加;价格下降,总收益减少。可用图2-19来说明这一点。

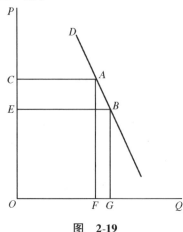

图 2-19

在图 2-19 中，D 是某种需求缺乏弹性的商品的需求曲线。当价格为 C 时，销售量为 F，总收益为 $OFAC$；当价格为 E 时，销售量为 G，总收益为 $OGBE$。由图中可以看出，当价格由 C 降为 E 时，$OGBE - OFAC < 0$，总收益减少；当价格由 E 上升为 C 时，$OFAC - OGBE > 0$，总收益增加。

第三章　消费者行为理论

在上一章中我们论述了供给与需求如何决定价格,但并没有说明需求与供给是如何决定的。需求产生于消费,供给产生于生产。因此,要说明需求与供给的决定就应该解释消费与生产。消费是由消费者(居民户)所进行的,生产是由生产者(企业)所进行的。本章消费者行为理论和下一章生产理论正是要分别说明消费者的行为决定和生产者的行为决定,从而进一步阐明需求与供给。从这种意义上说,本章与下一章是前一章的继续与发展。

在介绍消费者行为时,我们先来看看美国著名经济学家 P. 萨缪尔森提出的一个"幸福方程式",即:

$$幸福 = \frac{效用}{欲望}$$

在这个方程式中,分母是欲望,所谓欲望是指一种缺乏的感觉与求得满足的愿望。可见欲望是一种心理感觉。效用是指从消费某种物品中所得到的满足,满足程度高就是效用大,满足程度低就是效用小。效用同样也是一种心理感觉,某种物品给消费者带来的效用大小完全取决于消费者本人的感觉。例如,一支香烟对吸烟者来说可能有很大的效用,而对不吸烟者则可能完全没有效用,甚至会带来痛苦,即负效用。既然欲望与效用都是一种心理感觉,那么,幸福当然也是一种心理感觉了。作为消费者,人要追求幸福,既然幸福是一种心理感觉,对消费者行为的分析实际上也就是一种心理分析了。所以,这个公式说明了消费者行为理论实际上是一种心理分析。在学习这一章时要牢牢记住这一点。

在决定幸福的两个因素中我们可以假定,尽管人的欲望是无限的,但在某一个时期中欲望可以是既定的,这就是说,可以不考虑欲望的情况。这样,幸福就取决于效用了。所以,消费者行为理论就要研究在消费者收入既定的条件下,如何实现效用的最大化。这正是本章的中心议题。

效用是一种心理感受,西方经济学家依据两种理论——基数效用论与序数效用论,对这种心理现象进行分析。这两种理论又分别采用了边际效用分析法与无差异曲线分析法。现在我们就分别来介绍如何运用这两种方法来分析消费者的行为。

第一节　基数效用论：边际效用分析法

一、基数效用论

基数效用论是研究消费者行为的一种理论。其基本观点是：效用是可以计量并加总求和的，因此，效用的大小可以用基数（1，2，3…）来表示，正如长度单位可以用米来表示一样。所谓效用可以计量，是指消费者消费某一物品所得到的满足程度可以用效用单位来进行衡量。例如，某消费者吃 1 块巧克力所得到的满足程度是 5 个效用单位，等等。所谓效用可以加总求和，是指消费者消费几种物品所得到的满足程度可以加总而得出总效用。例如，某消费者吃 1 块巧克力所得到的满足程度是 5 个效用单位，听 1 场音乐会所得到的满足程度是 6 个效用单位，这样，该消费者消费这两种物品所得到的总满足程度就是 11 个效用单位。根据这种理论，可以用具体的数字来研究消费者效用最大化问题。

基数效用论采用的是边际效用分析法。

二、总效用与边际效用

在运用边际效用分析法来分析消费者行为时，首先要了解两个重要的概念：总效用与边际效用。

总效用是指消费者从其消费的一定量的某种物品中所得到的总满足程度。

边际效用是指某种物品的消费量每增加一单位消费者所增加的满足程度。这就是理性人在作出消费决策时要考虑增加的物品与增加的效用的关系，即要考虑边际量。边际的含义是增量，指自变量增加所引起的因变量的增加量。在边际效用中，自变量是某物品的消费量，而因变量则是满足程度或效用。消费量变动所引起的效用的变动即为边际效用。

可以用表 3-1 来说明总效用与边际效用的关系。

表 3-1

巧克力的消费量	总 效 用	边际效用
0	0	0
1	30	30
2	50	20
3	60	10
4	60	0
5	50	−10

从表 3-1 中可以看出,当消费者消费 1 单位巧克力时,总效用为 30 效用单位,由没有消费巧克力到消费 1 单位巧克力,消费量增加了 1 单位,效用从 0 效用单位增加到 30 效用单位,所以,边际效用为 30 效用单位;当消费 2 单位巧克力时,总效用为 50 效用单位,由消费 1 单位巧克力到消费 2 单位巧克力,消费量增加了 1 单位,效用从 30 效用单位增加到 50 效用单位,所以,边际效用为 20 效用单位;以此类推,当消费 5 单位巧克力时,总效用为 50 效用单位,而边际效用为 −10 效用单位,即消费 5 个单位巧克力时所带来的是负效用。由此可以看出,当边际效用为正数时,总效用是增加的;当边际效用为零时,总效用达到最大;当边际效用为负数时,总效用减少。

三、边际效用递减规律

从表 3-1 中还可以看出,边际效用是递减的。这种情况普遍存在于一切物品的消费中,所以被称为边际效用递减规律。这一规律可以表述如下:随着消费者对某种物品消费量的增加,他从该物品连续增加的消费单位中所得到的边际效用是递减的。

边际效用递减规律可以用以下两个理由来解释:

第一,生理或心理的原因。消费一种物品的数量越多,即某种刺激的反复,使人生理上的满足或心理上的反应减少,从而满足程度减少。例如我们在反复消费同一种物品,如连续吃巧克力时,都会有这种感觉。

第二,物品本身用途的多样性。每一种物品都有多种用途,但是这些用途的重要性并不相同。消费者总是把物品先用于最重要的用途,而后用于次要的用途。当他有若干这种物品时,把第一单位用于最重要的用途,其边际效用就大;把第二单位用于次重要的用途,其边际效用就小了;以此顺序用下去,用途越来越不重要,边际效用就递减了。例如,某消费者有三块巧克力,他把第一块用于最重要的用途——充饥(满足生理需求),把第二块用于赠送朋友(满足爱的需要),把第三块用于赐舍(满足自我实现中对善的追求)。这三块巧克力用途的重要性是不同的,从而其边际效用也就不同。由此看来,边际效用递减规律是符合实际情况的。

四、消费者均衡

消费者均衡所研究的是消费者在既定收入的情况下,如何实现效用最大化的问题。

在研究消费者均衡时,我们假设:第一,消费者的嗜好是既定的。这就是说,消费者对各种物品效用与边际效用的评价是既定的,不会发生变动。第二,消费者的收入是既定的,每一元货币的边际效用对消费者都是相同的。第三,物品的价格是既定的。消费者均衡正是要说明在这些假设条件之下,消费者如何把有限的收入分配于各种物品的购买与消费上,以获得最大效用。

消费者均衡的条件,是消费者用全部收入所购买的各种物品所带来的边际效用,与为购买这些物品所支付的价格的比例相等,或者说每一单位货币所得到的边际效用都相等。

假设消费者的收入为 M,消费者购买并消费 x 与 y 两种物品,x 与 y 的价格为 P_x 与 P_y,所购买的 x 与 y 的数量为 Q_x 与 Q_y,x 与 y 所带来的边际效用为 MU_x 与 MU_y,每一单位货币的边际效用为 MU_m。这样,可以把消费者均衡的条件写为:

$$P_x \cdot Q_x + P_y \cdot Q_y = M \tag{1}$$

$$\frac{MU_x}{P_x} = \frac{MU_y}{P_y} = MU_m \tag{2}$$

上述(1)式是限制条件,说明收入是既定的,购买 x 与 y 物品的支出不能超过收入,也不能小于收入。因为超过收入的购买是无法实现的,而小于收入的购买也达不到既定收入时的效用最大化。(2)式是消费者均衡的条件,即消费者所购物品带来的边际效用与其价格之比相等,也就是说,每一单位货币无论用于购买 x 商品,还是购买 y 商品,所得到的边际效用都相等。

我们举例来说明这一点:

设 $M=100$ 元,$P_x=10$ 元,$P_y=20$ 元,x 与 y 的边际效用如表 3-2 所示,总效用表如表 3-3 所示。

表 3-2

Q_x	MU_x	Q_y	MU_y
1	5	1	6
2	4	2	5
3	3	3	4
4	2	4	3
5	1	5	2
6	0		
7	-1		
8	-2		
9	-3		
10	-4		

表 3-3

组合方式	$\dfrac{MU_x}{P_x}$ 与 $\dfrac{MU_y}{P_y}$	总效用
$Q_x=10, Q_y=0$	$\dfrac{-4}{10} \ne \dfrac{0}{20}$	5
$Q_x=8, Q_y=1$	$\dfrac{-2}{10} \ne \dfrac{6}{20}$	18
$Q_x=6, Q_y=2$	$\dfrac{0}{10} \ne \dfrac{5}{20}$	26
$Q_x=4, Q_y=3$	$\dfrac{2}{10} = \dfrac{4}{20}$	29
$Q_x=2, Q_y=4$	$\dfrac{4}{10} \ne \dfrac{3}{20}$	27
$Q_0=0, Q_y=5$	$\dfrac{0}{10} \ne \dfrac{2}{20}$	20

我们根据表 3-2 与表 3-3 来说明为什么只有符合以上两个条件时,才能使效用达到最大化。

从表 3-3 中可以看出各种组合都符合(1)式,即各种组合都正好用完 100 元,但只有在 $Q_x=4, Q_y=3$ 时才能满足 $\dfrac{MU_x}{P_x}=\dfrac{MU_y}{P_y}$ 的条件,因此,也只有这种组合才实现了 x 与 y 所带来的总效用最大——29 效用单位,其他组合 x 与 y 所带来的总效用都不是最大。以 $Q_x=8, Q_y=1$ 的组合为例,第 8 单位 x 物品带来的边际效用为 -2,价格为 10 元,$\dfrac{MU_x}{P_x}=\dfrac{-2}{10}$,$x$ 所带来的总效用为 12,(第 1 单位到第 8 单位的边际效用之和为 12);第 1 单位 y 物品带来的边际效用为 6,价格为 20 元,$\dfrac{MU_y}{P_y}=\dfrac{6}{20}$,$y$ 所带来的总效用为 6。x 与

y 带来的总效用为 $12+6=18$，因为

$$\frac{MU_x}{P_x} \neq \frac{MU_y}{P_y}$$

即 $\frac{-2}{10} \neq \frac{6}{20}$，所以，这种组合并不能带来最大效用。而在 $Q_x=4, Q_y=3$ 的组合时，第 4 单位的 x 物品带来的边际效用为 2，价格为 10 元，$\frac{MU_x}{P_x}=\frac{2}{10}$，$x$ 所带来的总效用为 14；第 3 单位的 y 物品带来的边际效用为 4，价格为 20 元，$\frac{MU_y}{P_y}=\frac{4}{20}$，$y$ 所带来的总效用为 15。x 与 y 带来的总效用为 $14+15=29$，因为

$$\frac{MU_x}{P_x} = \frac{MU_y}{P_y}$$

即 $\frac{2}{10}=\frac{4}{20}$，所以，只有这种组合才能带来最大效用。

消费者之所以要按这一原则来进行购买，是因为在收入既定的条件下，多购买 x 物品就要少购买 y 物品。随着购买 x 物品数量的增加，它的边际效用递减；而随着购买 y 物品数量的减少，它的边际效用递增。为了使所购买的 x 与 y 物品的组合能带来最大总效用，消费者就要调整他所购买的 x 物品与 y 物品的数量。当他购买的最后 1 单位 x 物品带来的边际效用与价格之比，等于购买的最后 1 单位 y 物品带来的边际效用与价格之比时，总效用达到最大。这时，消费者不再调整购买的 x 物品与 y 物品的数量，从而就实现了消费者均衡。

效用是一种心理感觉，没有客观标准，也很难用具体数字来衡量与表示，因此，许多西方经济学家认为，基数效用论难以成立，这样就提出了代替基数效用论的序数效用论。

第二节 序数效用论：无差异曲线分析法

一、序数效用论

序数效用论是为了弥补基数效用论的缺点而提出来的另一种研究消费者行为的理论。其基本观点是：效用作为一种心理现象无法计量，也不能加总求和，只能表示出满足程度的高低与顺序，因此，效用只能用序数（第一，第二，第三……）来表示。例如，

消费者消费了巧克力与听音乐会,他从中得到的效用既无法衡量,也无法加总求和,更不能用基数来表示,但他可以比较从消费这两种物品中所得到的效用。如果他认为消费巧克力所带来的效用大于听音乐会所带来的效用,那么就可以说,巧克力的效用是第一,听音乐会的效用是第二。

序数效用论采用的是无差异曲线分析法。

二、无差异曲线

要了解如何用无差异曲线分析法来分析消费者行为,首先必须了解一个十分重要的概念:无差异曲线。无差异曲线是表示两种商品的不同数量的组合给消费者所带来的效用完全相同的一条曲线。

假如现在有 x 与 y 两种商品,它们有 a,b,c,d,e,f 六种组合方式,这六种组合方式能给消费者带来相同的效用。这样,可作出表 3-4。

表 3-4

组合方式	x 商品	y 商品
a	5	30
b	10	18
c	15	13
d	20	10
e	25	8
f	30	7

根据表 3-4 可以画出图 3-1。

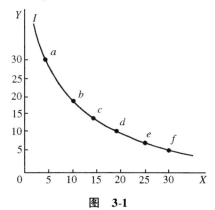

图 3-1

在图 3-1 中，横轴代表 x 商品的数量，纵轴代表 y 商品的数量，I 为无差异曲线，在线上任何一点 x 商品与 y 商品不同数量的组合给消费者所带来的效用都是相同的。

无差异曲线具有以下特征：

第一，无差异曲线是一条向右下方倾斜的曲线，其斜率为负值。这就表明，在收入与价格既定的条件下，消费者为了得到相同的总效用，在增加一种商品的消费时，必须减少另一种商品的消费。两种商品不能同时增加或减少。

第二，在同一平面图上可以有无数条无差异曲线。同一条无差异曲线代表相同的效用。不同的无差异曲线代表不同的效用。离原点越远的无差异曲线，所代表的效用越大；离原点越近的无差异曲线，所代表的效用越小。可用图 3-2 来说明这一点。

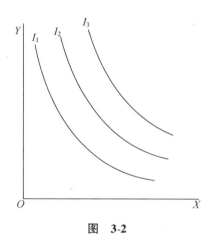

图 3-2

在图 3-2 中，I_1，I_2，I_3 是三条不同的无差异曲线，它们分别代表不同的效用，其顺序为：$I_1 < I_2 < I_3$。

第三，在同一平面图上，任意两条无差异曲线不能相交，因为在交点上两条无差异曲线代表了相同的效用，与第二个特征相矛盾。

三、消费可能线

在运用无差异曲线来分析消费者均衡时，我们还必须了解另一个概念：消费可能线。

消费可能线又称家庭预算线，或等支出线，它是一条表明在消费者收入与商品价格既定的条件下，消费者所能购买到的两种商品数量最大组合的线。

假定某消费者的收入为 60 元，x 商品的价格为 20 元，y 商品的价格为 10 元。如果全购买 x 商品,可以购买 3 单位;如果全购买 y 商品,可以购买 6 单位。这样,可以画出图 3-3。

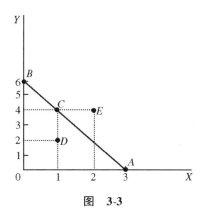

图 3-3

在图 3-3 中,如用全部收入购买 x 商品,可以购买 3 单位(A 点);如用全部收入购买 y 商品,可以购买 6 单位(B 点);连接 A 点和 B 点的线则为消费可能线。该线上的任何一点都是在收入与价格既定条件下,能购买到的 x 商品与 y 商品的最大数量的组合。例如,在 C 点,购买 4 单位 y 商品与 1 单位 x 商品,正好用 60 元($10 \times 4 + 20 \times 1 = 60$)。在该线内的任何一点所购买的 x 商品与 y 商品的组合,是可以实现的,但并不是最大数量的组合,即没有用完收入。例如,在 D 点,购买 2 单位 y 商品与 1 单位 x 商品,只用了 40 元($10 \times 2 + 20 \times 1 = 40$)。在该线外的任何一点,所购买的 x 商品与 y 商品的组合是无法实现的,因为所需花的钱超过了既定的收入。例如,在 E 点,购买 4 单位 y 商品与 2 单位 x 商品,这时要支出 80 元($10 \times 4 + 20 \times 2 = 80$),超过了既定的收入 60 元,无法实现。

消费可能线是运用无差异曲线研究消费者均衡时的限制条件。

四、消费者均衡

现在我们把无差异曲线与消费可能线结合在一起来分析消费者均衡。

如果把无差异曲线与消费可能线合在一个图上,那么,消费可能线必定与无数条无差异曲线中的一条相切于一点,在这个切点上,就实现了消费者均衡。可以用图 3-4 来说明这一点。

在图 3-4 中,I_1、I_2、I_3 为三条无差异曲线,它们效用大小的顺序为 $I_1 < I_2 < I_3$。AB 为消费可能线。AB 线与 I_2 相切于 E 点,这时实现了消费者均衡。这就是说,在收入与价格既定的条件下,消费者购买 M 单位的 x 商品、N 单位的 y 商品,就能获得最大的效用。

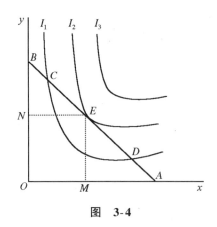

图 3-4

为什么只有在 E 点时才能实现消费者均衡呢？从图 3-4 上看，I_3 所代表的效用大于 I_2，但 I_3 与 AB 线既不相交又不相切，说明达到 I_3 效用水平的 x 商品与 y 商品的数量组合在收入与价格既定的条件下是无法实现的。AB 线与 I_1 相交于 C 点和 D 点，在 C 点和 D 点上所购买的 x 商品与 y 商品的数量也是在收入与价格既定条件下最大的组合，但 $I_1 < I_2$，说明在 C 点和 D 点上 x 商品与 y 商品的组合并不能达到最大效用。此外，在 I_2 上除 E 点之外的其他各点也在 AB 线之外，说明所购买的 x 商品与 y 商品数量的组合也是在收入与价格既定条件下无法实现的。由此看来，只有在 E 点时才能实现消费者均衡。

这里对消费者行为的分析假设消费者是理性的，现实中大多数情况也是这样。但我们知道现实中有些消费者的行为并不完全是理性的，如酗酒、吸毒等。因此，这些理论并不适用于每一位消费者的每一次消费行为。

第四章 生产理论

如果你是一个以实现利润最大化为唯一目的的企业家,无论是大公司的总经理还是小企业的老板,那么你在经营活动中一定要考虑这样三个问题:

第一,投入的生产要素与产量的关系,即如何在生产要素既定时使产量最大,换句话来说,即在产量既定时使投入的生产要素最少。这就是如何使用各种生产要素。

第二,成本与收益的关系。要使利润最大化,就是要使扣除成本后的收益达到最大化。这就要进行成本—收益分析,并确定一个利润最大化的原则。

第三,市场问题。市场有各种状态,即竞争与垄断的程度不同。当你处于不同的市场时,应该如何确定自己产品的产量与价格。

我们分两章来介绍这三个问题。本章的生产理论要说明如何合理地投入生产要素,并从中得出若干生产规律。

第一节　短期中一种生产要素的合理投入:边际收益递减规律

谁都知道,生产中需要投入多种生产要素,生产就是对各种生产要素进行组合以制成产品的行为。各种生产要素的数量与组合和所生产出来的产量之间的关系被称为生产函数。一般来说,生产要素包括劳动、资本、土地(代表自然资源)与企业家才能。劳动是指劳动力在生产中所提供的服务;资本是指生产中使用的厂房、设备、原料等;土地是指各种自然资源;企业家才能是指企业家对整个生产过程的组织与管理工作。一般来说,土地即自然资源在一定时期内是既定的,企业家才能虽然在生产中非常重要,但难以计算。因此,考虑生产要素与产量之间的关系实际上就是考虑劳动与资本和产量之间的关系。在生产中,我们要区分长期与短期。长期是指资本和劳动都可以适应市场而调整,从而企业的生产规模可以改变。短期是指资本无法调整,只能调整劳动,从而生产规模无法改变。在这一节中,我们先考虑短期中资本不能变只有劳动可以调整的时期。也就是我们假设资本不变,研究劳动的变动对产量的影响,以及一种生产要素合理投入的原则是什么。在研究这一问题时,我们从经济中一条重要的原则——边际收益递减规律开始。

一、边际收益递减规律

边际收益递减规律又称收益递减规律,它的基本内容是:在技术水平不变的情况下,当把一种可变的生产要素投入到一种或几种不变的生产要素中时,最初这种生产要素的增加会使产量增加,但当它的增加超过一定限度时,增加的产量将要递减,最终还会使产量绝对减少。

在理解这一规律时,要注意这样几点:

第一,这一规律发生作用的前提是短期,具体包括两点:一是技术水平不变;二是其他生产要素(资本)不变,只有一种生产要素(劳动)变动。技术水平不变是指生产中所使用的技术没有发生重大变革。现在,技术进步的速度虽然很快,但也并不是每时都有重大的技术突破,技术进步总是间歇式进行的,只有经过一定时期的准备,才会有重大进展。无论在农业还是工业中,一种技术水平一旦形成,总会有一个相对稳定的时期,这一时期就可以称为技术水平不变。因此,在一定时期内技术水平不变这一前提是可以成立的。例如,农业生产技术可以分为传统农业技术与现代农业技术。传统农业技术是以人力和简单的工具为基本技术,现代农业技术则以机械化、电气化、化学化为基本技术。从传统农业变为现代农业,是技术发生了重大变化。在传统农业中,技术也有较小的变化,例如简单生产工具的改进,但在未进入现代农业之前,则可称为技术水平不变。离开了技术水平不变这一前提,则边际收益递减规律不能成立。

第二,短期中,在其他生产要素不变时,一种生产要素增加所引起的产量或收益的变动①可以分为三个阶段:第一阶段,产量递增,即这种可变生产要素的增加使产量或收益增加。这是因为,在开始时不变的生产要素没有得到充分利用,这时增加可变的生产要素,可以使不变的生产要素得到充分利用,从而产量递增。第二阶段,边际产量递减,即这种可变生产要素的增加仍可使总产量增加,但增加的比率,即增加的每一单位生产要素的边际产量是递减的。这是因为,在这一阶段时,不变生产要素已接近于充分利用。可变生产要素的增加已不能像第一阶段那样使产量迅速增加。第三阶段,产量绝对减少,即这种可变生产要素的增加使总产量减少。这是因

---

① 严格来说,产量与收益的变动并不完全相同。收益不仅要取决于产量,还取决于成本、价格等因素。在现实中会有产量增加、收益减少(增产不增收)的情况,也会有产量减少、收益增加(减产而增收)的情况。在这里,我们不考虑成本、价格等因素,因此,就把产量等同于收益。

为,这时不变生产要素已经得到充分利用,再增加可变生产要素只会降低生产效率,减少总产量。

边际收益递减规律是从科学实验和生产实践中得出来的,在农业中的作用最明显。早在1771年英国农学家A.杨格就用在若干相同的地块上施以不同量肥料的实验,证明了肥料施用量与产量增加之间存在着这种边际收益递减的关系。以后,国内外学者又以大量事实证明了这一规律。在我国1958年的"大跃进"中,有些地方在有限的土地上盲目密植,造成减产的事实也证明了这一规律。这一规律同样存在于其他部门。例如,工业部门中劳动力增加过多,会使生产率下降;行政部门中机构过多、人员过多,则会降低行政办事效率,造成官僚主义。我国俗话所说的"一个和尚担水吃,两个和尚抬水吃,三个和尚没水吃"正是对边际收益递减规律的形象表述。

边际收益递减规律,是我们研究一种生产要素合理投入的出发点。

二、总产量、平均产量与边际产量的关系

为了用边际收益递减规律说明一种生产要素的合理投入,我们要进一步分析一种生产要素增加所引起的总产量、平均产量与边际产量变动的关系。

总产量指一定量的某种生产要素所生产出来的全部产量。平均产量指平均每单位某种生产要素所生产出来的产量。边际产量指某种生产要素增加一单位所增加的产量。

以 Q 代表某种生产要素的量,以 ΔQ 代表某种要素的增加量,以 TP 代表总产量,以 AP 代表平均产量,以 MP 代表边际产量,则这三种产量可以分别写为:

$$TP = AP \cdot Q$$

$$AP = \frac{TP}{Q}$$

$$MP = \frac{\Delta TP}{\Delta Q}$$

假定生产某种产品时所用的生产要素是资本与劳动。其中资本是固定的,劳动是可变的,则可作出表4-1。

表 4-1

资本量 (K)	劳动量 (L)	劳动增量 (ΔL)	总产量 (TP)	平均产量 (AP)	边际产量 (MP)
10	0	0	0	0	0
10	1	1	6	6	6
10	2	1	13.5	6.75	7.5
10	3	1	21	7	7.5
10	4	1	28	7	7
10	5	1	34	6.8	6
10	6	1	38	6.3	4
10	7	1	38	5.4	0
10	8	1	37	4.6	−1

根据表 4-1 可画出图 4-1。

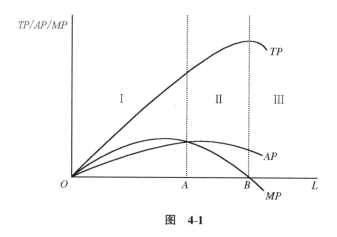

图 4-1

在图 4-1 中，横轴代表劳动量，纵轴代表总产量、平均产量与边际产量。TP 为总产量曲线，AP 为平均产量曲线，MP 为边际产量曲线，分别表示随劳动量变动的总产量、平均产量与边际产量变动的趋势。根据图 4-1，我们可以看出总产量、平均产量与边际产量之间的关系有这样几个特点：

第一，在资本量不变的情况下，随着劳动量的增加，最初总产量、平均产量与边际产量都是递增的，但各自在增加到一定程度之后就分别递减了。所以，总产量曲线、平均产量曲线与边际产量曲线都是先上升而后下降。这反映了边际收益递减规律。

第二，边际产量曲线与平均产量曲线相交于平均产量曲线的最高点。在相交前，平均产量是递增的，边际产量大于平均产量（$MP > AP$）；在相交后，平均产量是递减的，边际产量小于平均产量($MP < AP$);在相交时,平均产量达到最大,边际产量等于平均产量($MP = AP$)。

第三,当边际产量为零时,总产量达到最大,以后,当边际产量为负数时,总产量就会绝对减少。

三、一种生产要素的合理投入

在确定一种生产要素的合理投入时,我们根据总产量、平均产量与边际产量的关系,把图4-1分为三个区域。Ⅰ区域是劳动量从零增加到 A 点这一阶段,这时平均产量一直在增加,边际产量大于平均产量,说明在这一阶段,相对于不变的资本量而言,劳动量不足,所以劳动量的增加可以使资本得到充分利用,从而产量递增。由此来看,劳动量最少要增加到 A 点为止,否则资本无法得到充分利用。Ⅱ区域是劳动量从 A 点增加到 B 点这一阶段,这时平均产量开始下降,边际产量递减,即增加劳动量仍可使边际产量增加,但增加的比率是递减的。由于边际产量仍然大于零,总产量仍在增加。在劳动量增加到 B 点时,总产量可以达到最大。Ⅲ区域是劳动量增加到 B 点以后,这时边际产量为负数,总产量绝对减少。由此看来,劳动量的增加超过 B 点以后是不利的。

从以上分析可以看出,劳动量的增加应在Ⅱ区域为宜。但应在Ⅱ区域的哪一点上呢?这就还要考虑其他因素。比如,要考虑厂商的目标等。如果厂商的目标是使平均产量达到最大,那么,劳动量增加到 A 点就可以了;如果厂商的目标是使总产量达到最大,那么,劳动量就可以增加到 B 点;如果厂商以利润最大化为目标,那就要考虑成本,主要是工资水平、产品价格等因素。因为平均产量为最大时,利润并不一定是最大;总产量为最大时,利润也不一定是最大。因此,劳动量增加到哪一点所达到的产量能实现利润最大化,还必须结合成本与产品价格来分析。

第二节 长期中两种生产要素的合理投入:规模经济

在长期中,资本和劳动都可以调整,生产规模可以扩大或缩小。所以,我们研究两种生产要素的合理投入,就是要确定多大的生产规模是最适宜的。这一问题的解决,涉及经济学中的另一个重要规律——规模经济。

一、规模经济

规模经济是指在技术水平不变的情况下,当两种生产要素按同样的比例增加,即生产规模扩大时,最初这种生产规模的扩大会使产量的增加大于生产规模的扩大,但当生产规模的扩大超过一定限度时,则会使产量的增加小于生产规模的扩大,甚至使产量绝对减少,出现规模不经济。

在理解这一规律时,要注意这样几点:

第一,这一规律发生作用的前提也是技术水平不变。

第二,两种生产要素增加所引起的产量或收益变动的情况可以分为三个阶段:第一阶段,规模收益递增,即产量增加的比率大于生产规模扩大的比率,例如,生产规模扩大了5%,而产量的增加大于5%。第二阶段,规模收益不变,即产量增加的比率与生产规模扩大的比率相同,例如,生产规模扩大了5%,而产量也增加了5%。第三阶段,规模收益递减,即产量增加的比率小于生产规模扩大的比率,或者产量绝对减少,例如,生产规模扩大了5%,而产量的增加小于5%,或者是负数。

二、内在经济与内在不经济

生产规模的扩大之所以会引起产量的不同变动,可以用内在经济与内在不经济来解释。

内在经济是指一个厂商在生产规模扩大时由自身内部所引起的产量增加。引起内在经济的原因主要有:

第一,可以使用更加先进的机器设备。机器设备这类生产要素有其不可分割性。当生产规模小时,无法购置先进的大型设备,即使购买了也无法充分发挥其效用。只有在大规模生产中,先进的大型设备才能充分发挥其作用,使产量更大幅度地增加。

第二,可以实行专业化生产。在大规模的生产中,专业可以分得更细,分工也会更细,这样就会提高工人的技术水平,提高生产效率。

第三,可以提高管理效率。各种规模的生产都需配备必要的管理人员,在生产规模小时,这些管理人员无法得到充分利用。如果生产规模扩大,则可以在不增加管理人员的情况下增加生产,从而就提高了管理效率。

第四,可以对副产品进行综合利用。在小规模生产中,许多副产品往往被作为废物处理,而在大规模生产中,就可以对这些副产品进行再加工,做到"变废为宝"。

第五,在生产要素的购买与产品的销售方面也会更加有利。大规模生产所需要的生产要素多,产品也多,这样,企业就会在生产要素与产品销售市场上具有垄断地位,从而可以压低生产要素收购价格或提高产品销售价格,从中获得好处。

大规模生产所带来的这些好处,在经济学上也被称为"大规模生产的经济"。

但是,生产规模也并不是越大越好。如果一个厂商由于自身生产规模过大而引起产量或收益减少,就是内在不经济。引起内在不经济的原因主要是:

第一,管理效率降低。生产规模过大会使管理机构由于庞大而不灵活,管理上也会出现各种漏洞,从而使产量和收益减少。

第二,生产要素价格与销售费用增加。生产要素的供给并不是无限的,生产规模过大必然大幅度增加对生产要素的需求,而使生产要素的价格上升。同时,生产规模过大,产品大量增加,也增加了销售的困难,需要增设更多的销售机构与人员,增加了销售费用。因此,生产规模并不是越大越好。

三、外在经济与外在不经济

以上我们分析了一个厂商生产规模扩大时对产量与收益的影响。但对一个厂商产量与收益产生影响的,不仅有它自身的生产规模,而且有一个行业的生产规模。一个行业是由生产同种产品的厂商所组成的,它的大小,影响着其中每一家厂商的产量与收益。

整个行业生产规模的扩大,给个别厂商所带来的产量与收益的增加被称为外在经济。引起外在经济的原因是:个别厂商可以从整个行业的扩大中得到更加方便的交通辅助设施、更多的信息与更好的人才,从而使产量与收益增加。但是,一个行业的生产规模过大也会使个别厂商的产量与收益减少,这种情况被称为外在不经济。引起外在不经济的原因是:一个行业过大会使各个厂商之间的竞争更加激烈,各个厂商为了争夺生产要素与产品销售市场,必须付出更高的代价。此外,整个行业的扩大,也会使环境污染问题更加严重,交通紧张,个别厂商要为此付出更高的代价。

四、适度规模

由以上的分析来看,一个厂商和一个行业的生产规模不能过小,也不能过大,即要实现适度规模。对一个厂商来说,就是两种生产要素的增加应该适度。

适度规模是指两种生产要素的增加,即生产规模的扩大正好使收益递增达到最大。当收益递增达到最大时就不再增加生产要素,并使这一生产规模维持下去。

对于不同行业的厂商来说,适度规模的大小是不同的,并没有一个统一的标准。在确定适度规模时应该考虑到的因素主要是:

第一,本行业的技术特点。一般来说,需要的投资多,所用的设备复杂、先进的行业,适度规模就大。例如,冶金、机械、汽车制造、造船、化工等重工业厂商,其生产规模越大,经济效益越高。相反,需要的投资少,所用的设备比较简单的行业,适度规模就小。例如,服装、服务这类行业的厂商,其生产规模小,能更灵活地适应市场需求的变动,对生产更有利。

第二,市场条件。一般来说,生产市场需求量大,而且标准化程度高的产品的厂商,适度规模也应该大,这也是重工业行业适度规模大的原因。相反,生产市场需求量小,而且标准化程度低的产品的厂商,适度规模也应该小。所以,服装行业的厂商适度规模就要小一些。

当然,在确定适度规模时要考虑的因素还有很多。例如,在确定某一采矿企业的规模时,还要考虑矿藏量的大小。其他诸如交通条件、能源供给、原料供给、政府政策等,都是在确定适度规模时必须要考虑的。

第三节　两种生产要素的配合比例: 生产要素的最适组合

在技术系数可以变动,即两种生产要素的配合比例可以变动的情况下,这两种生产要素按什么比例配合最好呢?这就是生产要素最适组合所要研究的问题。

生产要素的最适组合,与消费者均衡是很相似的。消费者均衡是研究消费者如何把既定的收入分配于两种产品的购买与消费上,以达到效用最大化。生产要素的最适组合,是研究生产者如何把既定的成本(生产资源)分配于两种生产要素的购买与生产上,以达到利润最大化。因此,研究这两个问题所采用的方式也基本相同,即边际分析法与等产量分析法。

一、生产要素最适组合的边际分析

厂商为了实现生产要素的最适组合,一定要考虑购买各种生产要素所能获得的边际产量与所付出的价格。这样,生产要素最适组合的原则是:在成本与生产要素价格既定的条件下,应该使所购买的各种生产要素的边际产量与价格的比例相等,即要使每一单位货币无论购买何种生产要素都能得到相等的边际产量。

假定所购买的生产要素是资本与劳动。我们用 K 代表资本,MP_K 代表资本的边际产量,P_K 代表资本的价格,Q_K 代表购买的资本量;用 L 代表劳动,MP_L 代表劳动的边际产量,P_L 代表劳动的价格,Q_L 代表购买的劳动量;用 M 代表货币,MP_m 代表货币的边际产量,则生产要素最适组合条件可写为:

$$P_K \cdot Q_K + P_L \cdot Q_L = M \qquad (1)$$

$$\frac{MP_K}{P_K} = \frac{MP_L}{P_L} = MP_m \qquad (2)$$

上述(1)式是限制条件,说明厂商所拥有的货币量是既定的,购买资本与劳动的支出不能超过这一货币量,也不能小于这一货币量。超过这一货币量的购买是无法实现的,而小于这一货币量的购买也达不到既定资源时的利润最大化。(2)式是生产要素最适组合的条件,即所购买的生产要素的边际产量与其价格之比相等。也就是说,每一单位货币不论用于购买资本,还是购买劳动,所得到的边际产量都相等。生产要素的最适组合也可以被称为生产者均衡。

二、等产量分析法

1. 等产量线

在运用等产量分析法来说明生产要素的最适组合时,首先要介绍等产量线。

等产量线是表示两种生产要素的不同数量的组合可以带来相等产量的一条曲线,或者说表示某一固定数量的产品,可以用所需要的两种生产要素的不同数量的组合生产出来的一条曲线。

假如,现在生产中只使用资本与劳动两种生产要素,它们有 a、b、c、d 四种组合方式,这四种组合方式都可以达到相同的产量。这样,可作出表 4-2。

表 4-2

组合方式	资本(K)	劳动(L)
a	6	1
b	3	2
c	2	3
d	1	6

根据上表,可画出图 4-2。

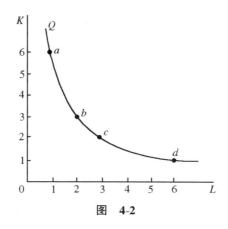

图 4-2

在图 4-2 中,横轴代表劳动量,纵轴代表资本量,Q 为等产量线,即该线上任何一点所表示的资本与劳动不同数量的组合,都能生产出相同的产量。等产量线与无差异曲线相似,所不同的是,它所代表的是产量,而不是效用。

等产量线具有以下特征:

第一,等产量线是一条向右下方倾斜的线,其斜率为负值。这表明,在生产者的资源与生产要素价格既定的条件下,为了达到相同的产量,在增加一种生产要素时,必须减少另一种生产要素。两种生产要素的同时增加,是资源既定时无法实现的;两种生产要素的同时减少,不能保持相等的产量水平。

第二,在同一平面图上,可以有无数条等产量线。同一条等产量线代表相同的产量,不同的等产量线代表不同的产量。离原点越远的等产量线所代表的产量水平越高,离原点越近的等产量线所代表的产量水平越低。可用图 4-3 来说明这一点。

在图 4-3 中,Q_1,Q_2,Q_3 是三条不同的等产量线,它们分别代表不同的产量水平,其顺序为 $Q_1 < Q_2 < Q_3$。

第三,在同一平面图上,任意两条等产量线不能相交。因为在交点上两条等产量线代表了相同的产量水平,与第二个特征相矛盾。

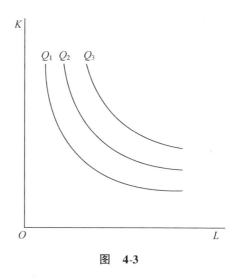

图 4-3

2. 等成本线

在运用等产量分析法来说明生产要素的最适组合时,我们还必须了解另一个概念:等成本线。

等成本线又称企业预算线,它是一条表明在生产者的成本与生产要素价格既定的条件下,生产者所能购买到的两种生产要素数量的最大组合的线。

假定某企业有货币成本600元,劳动的价格为2元,资本的价格为1元。如果用全部货币购买劳动,可购买300单位;如果用全部货币购买资本,可购买600单位。这样,可以画出图4-4。

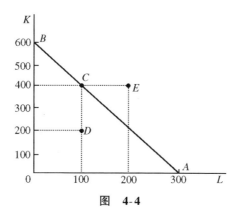

图 4-4

在图4-4中,如果用全部货币购买劳动,可以购买300单位(A点);如果用全部货币购买资本,可以购买600单位(B点);连接A点和B点的线则为等成本线。该线上的任何一点,都是在货币与生产要素价格既定的条件下,能购买到的劳动与资本的最大数量的组合。例如,在 C 点,购买 100 单位劳动与 400 单位资本,正好用完 600 元 ($2 \times 100 + 1 \times 400 = 600$)。在该线内的任何一点所购买的劳动与资本的组合,是可以实现的,但并不是最大数量的组合,即没有用完货币。例如,在 D 点,购买 100 单位劳动与 200 单位资本,只用了 400 元($2 \times 100 + 1 \times 200 = 400$)。在该线外的任何一点所购买的资本与劳动的组合是无法实现的,因为所需要的货币超过了既定的成本。例如,在 E 点,购买 200 单位劳动与 400 单位资本,这时要支出 800 元($2 \times 200 + 1 \times 400 = 800$),超过了既定的货币 600 元,无法实现。

等成本线是用等产量分析法研究生产要素最适组合时的限制条件。

三、生产要素的最适组合

现在我们把等产量线与等成本线结合起来分析生产要素的最适组合。

如果把等产量线与等成本线合在一个图上,那么,等成本线必定与无数条等产量线中的一条相切于一点。在这个切点上,就实现了生产要素的最适组合。可以用图 4-5 来说明这一点。

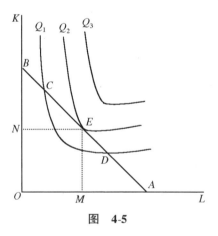

图 4-5

在图 4-5 中,Q_1、Q_2、Q_3 为三条等产量线,其产量大小的顺序为 $Q_1 < Q_2 < Q_3$。AB 为等成本线。AB 线与 Q_2 相切于 E 点,这时实现了生产要素的最适组合。这就是说,在生产者的成本与生产要素价格既定的条件下,M 单位的劳动与 N 单位的资本相结合,就能实现利润最大化,即既定产量下成本最小或既定成本下产量最大。

为什么只有在 E 点时才能实现生产要素的最适组合呢?从图 4-5 上看,C 点、E 点、D 点都是相同的成本,这时 C 点和 D 点在 Q_1 上,而 E 点在 Q_2 上,$Q_2 > Q_1$,所以 E 点时的产量是既定成本时的最大产量。在 Q_2 上产量是相同的,除 E 点外,其他两种生产要素组合的点都在 AB 线之外,成本大于 E 点,所以 E 点时的成本是既定产量时的最小成本。

第五章 厂商理论

一个小农场和一个大汽车制造厂所面临的市场是不同的。在农产品市场上，一个小农场面临着和其他无数小农场的激烈竞争；而一个大汽车制造厂则面临着和它相似的几个汽车制造厂的竞争。每个企业都面临着不同的市场。因此，不同市场上的企业家就要决定该如何确定自己的产量与价格，以便实现利润最大化。厂商理论则是要解决这一问题的。这一理论又被称为"市场理论"或"市场结构理论"。

谁都知道，利润是收益与成本的差额。因此，我们在分析各个企业在不同市场上的产量与价格决策时，就要由成本与收益这两个概念入手。

第一节　成本与收益

成本又称生产费用，是生产中所使用的各种生产要素的支出；收益则是出售产品所得到的收入。我们的分析先从成本开始。成本分为短期成本与长期成本，我们先分析短期成本。

一、短期成本

经济学上所说的短期是指厂商不能根据它所要达到的产量来调整其全部生产要素的时期。具体来说，在这一时期内它只能调整原料、燃料及生产工人数量这类生产要素，而不能调整厂房、设备和管理人员这类生产要素。①

1. 短期成本的分类

（1）短期总成本

短期总成本是指短期内厂商生产一定量产品所需要的成本总和。它分为固定成

---

① 与短期相关的另一个概念是特短期。特短期是指在这一时期内一切生产要素都不能调整。因此，厂商只能通过调整存货来适应市场需求的变动。

本与可变成本。

固定成本是指厂商在短期内必须支付的不能调整的生产要素的费用。这种成本不随产量的变动而变动,是固定不变的。其中主要包括厂房和设备的折旧,以及管理人员的工资。

可变成本是指厂商在短期内必须支付的可以调整的生产要素的费用。这种成本随产量的变动而变动,是可变的。其中主要包括原材料、燃料的支出以及生产工人的工资。

如果以 STC 代表短期总成本,以 FC 代表固定成本,以 VC 代表可变成本,则有:

$$STC = FC + VC$$

(2) 短期平均成本

短期平均成本是指短期内厂商生产每一单位产品平均所需要的成本。它分为平均固定成本与平均可变成本。

平均固定成本是指平均每单位产品所消耗的固定成本。

平均可变成本是指平均每单位产品所消耗的可变成本。

如果以 Q 代表产量则有:

$$\frac{STC}{Q} = \frac{FC}{Q} + \frac{VC}{Q}$$

如果以 SAC 代表短期平均成本,以 AFC 代表平均固定成本,以 AVC 代表平均可变成本,则可把上式写为:

$$SAC = AFC + AVC$$

(3) 短期边际成本

短期边际成本是指短期内厂商每增加一单位产品所增加的总成本增加量。

如果以 SMC 代表短期边际成本,以 ΔQ 代表增加的产量,则有:

$$SMC = \frac{\Delta STC}{\Delta Q}$$

2. 各类短期成本的变动规律及其关系

(1) 短期总成本、固定成本与可变成本

固定成本在短期中是固定不变的,不随产量的变动而变动,即使产量为零时,也仍然存在固定成本。

可变成本要随产量的变动而变动。它变动的规律是:最初在产量开始增加时由于固定生产要素与可变生产要素的效率未得到充分发挥,因此,可变成本的增加率大于产量的增长率;然后随着产量的增加,固定生产要素与可变生产要素的效率得到充分发挥,可变成本的增加率小于产量的增加率;最后由于边际收益递减规律,可变成本的增加率又大于产量的增加率。

总成本是固定成本与可变成本之和。固定成本不会等于零,因此,总成本必然大于零。而且,因为总成本中包括可变成本,所以,总成本的变动规律与可变成本的变动规律相同。可用图 5-1 来说明这三种成本的变动规律与关系。

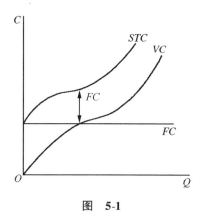

图 5-1

在图 5-1 中,横轴代表产量,纵轴代表成本。FC 为固定成本曲线,它与横轴平行,表示不随产量的变动而变动,是一个固定数。VC 为可变成本曲线,它从原点出发,表示没有产量时就没有可变成本。VC 曲线向右上方倾斜,表示随产量的变动而呈同方向变动。特别应该注意的是,它最初比较陡峭,表示这时可变成本的增加率大于产量的增加率;然后较为平坦,表示可变成本的增加率小于产量的增加率;最后又比较陡峭,表示可变成本的增加率又大于产量的增加率。STC 为短期总成本曲线,它不从原点出发,而从固定成本出发,表示没有产量时也不为零,总成本最小也等于固定成本。STC 曲线向右上方倾斜也表示了总成本随产量的增加而增加,其形状与 VC 曲线相同,说明总成本与可变成本的变动规律相同。STC 曲线与 VC 曲线之间的距离也可以表示固定成本。

(2) 短期平均成本、平均固定成本与平均可变成本

平均固定成本随着产量的增加而减少,这是因为固定成本总量不变,产量增加,分摊到每一单位上的固定成本也就减少了。它变动的规律是起初减少的幅度很大,以后减少的幅度越来越小。

平均可变成本变动的规律是:起初随着产量的增加,生产要素的效率逐渐得到发挥,因此平均可变成本减少;但当产量增加到一定程度后,由于边际收益递减规律,平均可变成本增加。

短期平均成本的变动规律是由平均固定成本与平均可变成本决定的。当产量增加时,平均固定成本迅速下降,加之平均可变成本也在下降,因此短期平均成本迅速下降;以后,随着平均固定成本越来越小,它在平均成本中也越来越不重要,这时平均成本随平均可变成本的变动而变动,即随产量的增加而下降;但当产量增加到一定程度之后,又随产量的增加而增加。

平均固定成本、平均可变成本与短期平均成本的变动规律和关系,可以用图5-2来说明。

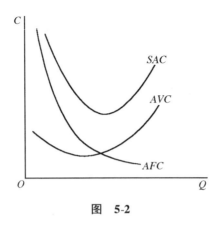

图 5-2

在图5-2中,横轴代表产量,纵轴代表成本。AFC为平均固定成本,它起先比较陡峭,说明在产量开始增加时,它下降的幅度很大;以后越来越平坦,表明随着产量的增加,它下降的幅度越来越小。AVC为平均可变成本,成"U"形曲线,表明随着产量的增加,它先下降而后上升的变动规律。SAC为短期平均成本曲线,它也是先下降而后上升的"U"形曲线,表明随着产量的增加,它先下降而后上升的变动规律;但它开始时比平均可变成本曲线陡峭,说明下降的幅度比平均可变成本大,以后的形状与平均可变成本曲线基本相同,表明其变动规律类似平均可变成本的变动规律。

(3) 短期边际成本与短期平均成本

短期边际成本,即增加一单位产品所增加的成本,它的变动取决于平均可变成本,因为所增加的成本是可变成本。在开始时,边际成本随产量的增加而减少,而且其水平低于平均成本,因为边际成本的增加中没有固定成本。在边际成本低于平均成本时,平均成本也是下降的,因为所增加的可变成本减少,平均成本自然也减少。当边际成本的增加大于平均成本时,平均成本就要增加。所以,边际成本与平均成本的关系是:当平均成本下降时,边际成本低于平均成本;当平均成本上升时,边际成本高于平均成本;只有在平均成本达到最低点时,边际成本与平均成本相等。这种关系可用图5-3来说明。

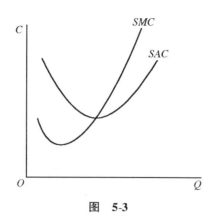

图 5-3

在图5-3中,横轴代表产量,纵轴代表成本。SMC是边际成本曲线,它先下降而后上升,表明边际成本随着产量的增加先减少而后增加的变动规律;它也是一条"U"形曲线。SAC是平均成本曲线。在图5-3中,边际成本曲线与平均成本曲线一定相交于平均成本曲线的最低点。在这一点上,平均成本与边际成本相等。在相交之前,平均成本曲线在边际成本曲线之上,说明平均成本大于边际成本;在相交之后,平均成本曲线在边际成本曲线之下,说明平均成本小于边际成本。

二、长期成本

经济学上所说的长期是指厂商能根据所要达到的产量来调整其全部生产要素的时间。① 因此,在长期中也就没有固定成本与可变成本之分,一切生产要素都是可以调整的,一切成本都是可变的。我们分析长期成本时,就分析其总成本、平均成本与边际成本。

1. 长期成本的分类

(1) 长期总成本

长期总成本是指长期中厂商生产一定量产品所需要的成本总和。长期总成本随产量的变动而变动。没有产量时没有总成本。随着产量的增加,总成本增加。在开始生产时,要投入大量生产要素,而产量少时,这些生产要素无法充分得到利用,因此,成

---

① 与长期相关的另一个概念是特长期。特长期是指在这一时期内不仅一切生产要素可以调整,而且生产技术也会发生变化。

本增加的比率大于产量增加的比率;当产量增加到一定程度后,生产要素开始得到充分利用,这时,成本增加的比率小于产量增加的比率,这也是规模经济的效益;最后,由于规模收益递减,成本增加的比率又大于产量增加的比率。可用图 5-4 来说明长期总成本的变动规律。

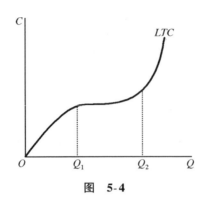

图 5-4

在图 5-4 中,LTC 为长期总成本曲线。该曲线从原点出发,向右上方倾斜,表示长期总成本随产量的增加而增加。产量在 $O—Q_1$ 之间时,长期总成本曲线比较陡峭,说明成本增加的比率大于产量增加的比率;产量在 $Q_1—Q_2$ 之间时,长期总成本曲线比较平坦,说明成本增加的比率小于产量增加的比率;产量大于 Q_2 时,长期总成本曲线比较陡峭,说明成本增加的比率又大于产量增加的比率。

(2)长期平均成本

长期平均成本是指长期中厂商生产每一单位产品平均所需要的成本。长期平均成本曲线也是一条先下降而后上升的"U"形曲线,说明随着产量的增加,长期平均成本也是先减少而后增加,这也是由于随着产量的增加,规模收益递增,平均成本减少;以后,随着产量的增加,规模收益递减,平均成本增加。这与短期平均成本相同。

但长期平均成本曲线与短期平均成本曲线也有区别,这就在于长期平均成本曲线无论在下降时还是上升时都比较平坦,这说明在长期中平均成本无论是减少还是增加都变动得比较慢。这是由于在长期中全部生产要素可以随时调整,从规模收益递增到规模收益递减有一个较长的规模收益不变阶段,而在短期中,规模收益不变阶段很短,甚至没有。

(3)长期边际成本

长期边际成本是指长期中厂商增加一单位产品所增加的成本。长期边际成本也是随着产量的增加先减少而后增加的,因此,长期边际成本曲线也是一条先下降而后上升的"U"形曲线,但它也比短期边际成本曲线要平坦。

2. 各类长期成本的变动规律及其关系

长期边际成本与长期平均成本的关系和短期边际成本与短期平均成本的关系一样,即在长期平均成本下降时,长期边际成本小于长期平均成本;在长期平均成本上升时,长期边际成本大于长期平均成本;在长期平均成本的最低点,长期边际成本等于长期平均成本。这一点可用图5-5来说明。

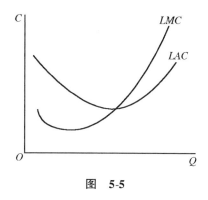

图 5-5

在图5-5中,横轴代表产量,纵轴代表成本。LMC为长期边际成本曲线,LAC为长期平均成本曲线。长期边际成本曲线与长期平均成本曲线相交于长期平均成本曲线的最低点,在相交之前,长期平均成本曲线在长期边际成本曲线之上,说明长期边际成本小于长期平均成本;在相交之后,长期平均成本曲线在长期边际成本曲线之下,说明长期边际成本大于长期平均成本。

三、机会成本

以上所讲的是实际成本,在西方经济学中还有另一个成本概念:机会成本。这种成本虽然不是实际货币成本支出,但对经营与决策是十分重要的。

什么是机会成本?我们先用一个例子来说明这个概念。假定某人有10万元,将这笔钱投资于饭店每年可获利2万元,将这笔钱投资于KTV每年可获利3万元。这笔钱只能投资于一处,投资于饭店获利2万元就要放弃投资于KTV获利的3万元,在经济学上就把所放弃的3万元称作获得2万元的机会成本。由这个例子我们可以给机会成本下这样一个定义:当把一种资源用于某种用途获得一定收入时所放弃的另一种用途的收入就是所获得收入的机会成本。

在作出投资决策时比较几种可能的投资方向的机会成本对使投资收益最大化是

很有用的。在我们上面所举的例子中就可以看出,投资于饭店付出的机会成本大,投资于 KTV 付出的机会成本小,还是投资于 KTV 有利。这说明,投资时不能只考虑获利情况,还要考虑机会成本。

当然,在运用机会成本这一概念时要考虑到这样几个条件:第一,有多种投资可能性;第二,投资到任何方面都不受限制。如果这两个条件不具备,机会成本这个概念也就没有用了。

四、收益分析

收益是指厂商出卖产品得到的全部收入,即价格与销售量的乘积。收益中既包括成本,又包括利润。

收益可以分为总收益、平均收益和边际收益。总收益是指厂商销售一定量产品所得到的全部收入。平均收益是指厂商销售每一单位产品平均所得到的收入。边际收益是指厂商每多销售一单位产品所增加的收入。

以 TR 代表总收益,以 AR 代表平均收益,以 MR 代表边际收益,以 Q 代表销售量,以 ΔQ 代表增加的销售量,则这三者的关系为:

$$TR = AR \cdot Q$$

$$AR = \frac{TR}{Q}$$

$$MR = \frac{\Delta TR}{\Delta Q}$$

五、利润最大化原则

在经济分析中,利润最大化的原则是边际收益等于边际成本。

为什么在边际收益等于边际成本时能实现利润最大化呢?

如果边际收益大于边际成本,表明厂商每多生产一单位产品所增加的收益大于生产这一单位产品所增加的成本。这对该厂商来说,还有潜在的利润没有得到,厂商增加生产是有利的,也就是说,还没有达到利润最大化。

如果边际收益小于边际成本,表明厂商每多生产一单位产品所增加的收益小于生产这一单位产品所增加的成本。这对该厂商来说就会造成亏损,更谈不上利润最大化了,因此,厂商必然要减少产量。

无论边际收益大于还是小于边际成本,厂商都要调整其产量,说明在这两种情况下都没有实现利润最大化。只有在边际收益等于边际成本时,厂商才不会调整产量,表明它已把该赚的利润都赚到了,即实现了利润最大化。厂商对利润的追求要受到市场条件的限制,不可能实现无限大的利润。这样,利润最大化的条件就是边际收益等于边际成本。厂商要根据这一原则来确定自己的产量。

我们知道,现实中市场结构是不同的。在不同的市场条件下,收益变动的规律不同,厂商对最大利润的追求就要受不同市场条件的限制。在下面几节中,我们就把成本与收益结合起来分析在不同的市场上,厂商如何根据成本与收益分析来实现自己的利润最大化。

第二节 完全竞争市场上的厂商均衡

西方经济学家根据竞争与垄断的程度把市场分为四种类型:一是完全竞争;二是完全垄断;介于这二者之间的则被称为不完全竞争,它又可以分为垄断竞争和寡头垄断两种。厂商理论正是要分析在不同市场条件下,厂商如何确定价格与产量,以便实现利润最大化。我们先从完全竞争市场讲起。

一、完全竞争的含义与条件

完全竞争又称纯粹竞争,是指一种竞争完全不受任何阻碍和干扰的市场结构。实现完全竞争的条件包括:

第一,市场上有大量生产者与消费者。这些生产者与消费者的规模都很小,其任何一个的销售量或购买量在整个市场上都只占很小的比例,从而也就无法通过自己的买卖行为来影响市场价格。市场价格是由整个市场的供求关系决定的,每个生产者与消费者都只能是市场既定价格的接受者,而不是这一价格的决定者。

第二,市场上的产品是同质的,即不存在产品差别。这里所说的产品差别不是指不同产品之间的差别,而是指同种产品在质量、包装、品牌或销售条件等方面的差别。例如,产品差别不是指汽车与自行车的差别,而是指汽车在质量、包装、品牌或销售条件方面的差别,具体来说,是指奥迪 A8 和奇瑞 QQ 的差别,或者小轿车与越野车的差别,黑色车与绿色车的差别,等等。产品差别会形成垄断。不存在产品差别,厂商就无法以自己产品的特点来形成垄断,在不存在垄断的情况下就能实现完全竞争。

第三,资源完全自由流动。这就是说,每个厂商都可以根据自己的意愿自由进入或退出某个行业。

第四,市场信息是畅通的。生产者与消费者都可以获得完整而迅速的市场供求信息,不存在供求以外的因素对价格决定和市场竞争的影响。

在形成完全竞争市场的条件中,前两个条件是最基本的。现实中完全符合这些条件的市场实际上是不存在的。接近于这些条件的市场是农产品市场。因此,经济学家一般把农产品市场作为完全竞争的市场。

二、完全竞争市场上的价格与需求曲线、平均收益与边际收益

1. 价格与需求曲线

在论述这一问题时,首先必须区分整个行业与个别厂商。

对整个行业来说,需求曲线是一条向右下方倾斜的曲线,供给曲线是一条向右上方倾斜的曲线。整个行业产品的价格就由这种需求与供给决定。

但对个别厂商来说情况就不同了。当市场价格确定之后,对个别厂商来说,这一价格就是既定的,无论它如何增加产量都不能影响市场价格。换句话来说,在既定的价格之下,市场对个别厂商产品的需求是无限的。因此,市场对个别厂商产品的需求曲线是一条由既定市场价格出发的平行线。可用图 5-6 来说明市场价格的决定与个别厂商的需求曲线。

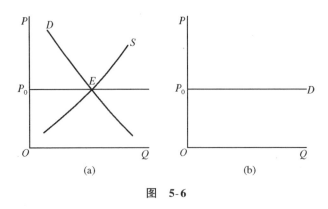

图 5-6

在图 5-6 中,(a)图说明了整个行业的供求如何决定价格,这时的价格水平为 P_0。

(b)图为个别厂商的情况,这时价格为市场的既定价格 P_0,在这种价格下,市场对个别厂商的需求是无限的,因此,需求曲线为 D。

2. 平均收益与边际收益

厂商按既定的市场价格出售产品,每单位产品的售价也就是每单位产品的平均收益。所以,价格等于平均收益。

在完全竞争的条件下,个别厂商销售量的变动,并不能影响市场价格。这就是说,厂商每增加一单位产品的销售,市场价格仍然不变,从而每增加一单位产品销售的边际收益也不会变。所以,平均收益与边际收益相等。可用表 5-1 来说明价格、平均收益、边际收益的相等关系。

表 5-1

销售量	价格	总收益	平均收益	边际收益
0	10	0	0	0
1	10	10	10	10
2	10	20	10	10
3	10	30	10	10
4	10	40	10	10
5	10	50	10	10
6	10	60	10	10

正因为价格、平均收益和边际收益都是相等的,所以,平均收益、边际收益与需求曲线都是同一条线,即图 5-6(b)中的 D。

三、完全竞争市场上的短期均衡

在短期内,厂商不能根据市场需求来调整全部生产要素,因此,从整个行业来看,有可能出现供给小于需求或者供给大于需求的情况。从整个行业的市场来看,如果供给小于需求,则价格高;如果供给大于需求,则价格低。短期均衡就是要分析这两种情况下个别厂商产量的决定与赢利状况。

我们先用图 5-7 来分析供给小于需求、价格水平高的情况。

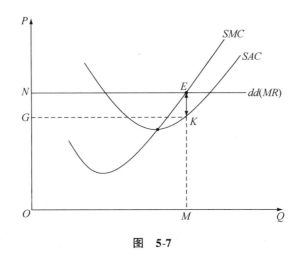

图 5-7

在图 5-7 中,市场价格为 N,对个别厂商来说,需求曲线 dd 是从 N 引出的一条与横轴平行的线。这条需求曲线同时也是平均收益曲线 AR 与边际收益曲线 MR。SMC 为短期边际成本曲线,SAC 为短期平均成本曲线。

厂商为了实现利润最大化就要使边际收益等于边际成本。因此,边际收益曲线与边际成本曲线的交点 E 就决定了产量为 M。这时,厂商的总收益为平均收益乘以产量,即图中的 OMEN。总成本为平均成本乘以产量,当产量为 M 时平均成本为 G,所以总成本为图中的 OMKG。从图中看,总收益大于总成本,即 OMEN > OMKG,所以存在超额利润,超额利润就是 GKEN。

然后,我们用图 5-8 来分析供给大于需求、价格水平低的情况。

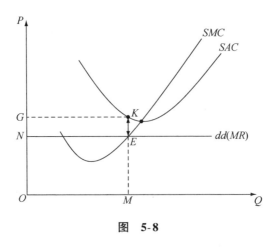

图 5-8

在图 5-8 中,价格水平低,市场价格为 N。这时产量仍由边际收益曲线与边际成本曲线的交点 E 决定,即为 M。厂商的总收益仍为平均收益乘以产量,即图中的 OMEN。总成本仍为平均成本乘以产量,即图中的 OMKG。从图上看,总收益小于总成本,即

$OMEN < OMKG$，所以存在亏损，亏损就是图中的 $NEKG$。

在短期中，厂商均衡的条件是边际收益等于边际成本。即：

$$MR = MC$$

四、完全竞争市场上的长期均衡

在长期中，各个厂商都可以根据市场价格来调整全部生产要素及其生产情况，也可以自由进入或退出该行业。这样，整个行业供给的变动就会影响市场价格，从而影响各个厂商的均衡。具体来说，当供给小于需求、价格高时，各厂商会扩大生产，其他厂商也会涌入该行业，从而整个行业供给增加，价格水平下降。当供给大于需求、价格低时，各厂商会减少生产，有些厂商会退出该行业，从而整个行业供给减少，价格水平上升。最终价格水平会达到使各个厂商既无超额利润又无亏损的状态。这时，整个行业的供求均衡，各个厂商的产量也不再调整，于是就实现了长期均衡。可用图5-9来说明这种长期均衡。

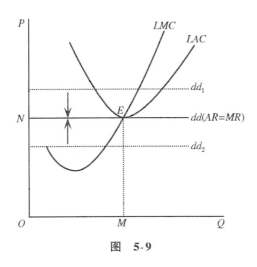

图 5-9

在图5-9中，LMC 是长期边际成本曲线，LAC 是长期平均成本曲线。虚线 dd_1 为整个行业供给小于需求时个别厂商的需求曲线，虚线 dd_2 为整个行业供给大于需求时个别厂商的需求曲线。如上所述，当整个行业供给小于需求时，由于价格高会引起整个行业供给增加，从而价格下降，导致个别厂商的需求曲线 dd_1 向下移动。当整个行业供给大于需求时，由于价格低会引起整个行业供给减少，从而价格上升，导致个别厂商的需求曲线 dd_2 向上移动。这种调整的结果使需求曲线 dd_1 和 dd_2 最终移动到 dd。这时，边际成本曲线（LMC）与边际收益曲线（MR，即 dd）相交于 E，决定了产量为 M。这时,总收益为平均收益乘以产量,即图中的 OMEN;总成本为平均成本乘以产量,也是图中的 OMEN。这样,总收益等于总成本,厂商既无超额利润又无亏损,因此,也就不再调整产量,即实现了长期均衡。

由图 5-9 中还可以看出,当实现了长期均衡时,长期边际成本曲线(LMC)和长期平均成本曲线(LAC)都相交于 E 点。这就表明,长期均衡的条件是:

$$MR = AR = MC = AC$$

五、对完全竞争市场的评论

通过以上对完全竞争市场上均衡的分析可以看出,在这种完全竞争的条件下,价格可以充分发挥其"看不见的手"的作用,调节整个经济的运行。通过这种调节实现了以下目的:第一,社会的供给与需求相等,从而资源得到了最优配置,生产者的生产不会有不足或过剩,消费者的需求也得到了满足。第二,在长期均衡时所达到的平均成本处于最低点,这说明通过完全竞争与资源的自由流动,使生产要素的效率得到了最有效的发挥。第三,平均成本最低决定了产品的价格也是最低的,这对消费者是有利的。从以上来看,完全竞争市场是最理想的。

但是,完全竞争市场也有其缺点,这就在于:第一,各厂商的平均最低并不一定是社会成本最低。第二,产品无差别,这样消费者的多种需求无法得到满足。第三,完全竞争市场上生产者的规模都很小,这样他们就没有能力去实现重大的科学技术突破,从而不利于技术发展。第四,在现实中完全竞争的情况是很少的,而且,一般来说,竞争也必然引起垄断。

对完全竞争市场的分析,为我们对其他市场的分析提供了一个理论基础。

第三节 完全垄断市场上的厂商均衡

一、完全垄断的含义与条件

完全垄断,又称垄断,是指整个行业的市场完全处于一家厂商所控制的状态,即一家厂商控制了某种产品的市场。

完全垄断也是经济中一种特殊的情况。形成完全垄断的条件主要有：

第一，政府借助于政权对某一行业实行完全垄断。例如，许多国家政府对铁路、邮政、供电、供水等公用事业实行完全垄断。

第二，政府特许的私人完全垄断。例如，历史上的东印度公司就由于英国政府的特许而垄断了对东方的贸易。此外，政府根据法律赋予某些产品生产的专利权，也会在一定时期内形成完全垄断。

第三，某些产品市场需求很小，只有一家厂商生产即可满足全部需求。这样，某家厂商就很容易实行对这些产品的完全垄断。

第四，某些厂商控制了某些特殊的自然资源或矿藏，从而就能对用这些资源和矿藏生产的产品实行完全垄断。例如，美国铝业公司长期保持其对制铝业的完全垄断地位，就是因为它控制了铝土矿；加拿大国际制镍公司也是由于控制了世界90%的镍矿而垄断了制镍行业。

第五，对生产某些产品的特殊技术的控制。例如，美国可口可乐公司就是由于长期控制了制造可口可乐饮料的配方而垄断了这种产品的供给。

二、完全垄断市场上的需求曲线、平均收益与边际收益

1. 需求曲线

在完全垄断市场上，一家厂商就是整个行业。因此，整个行业的需求曲线也就是一家厂商的需求曲线。这时，需求曲线就是一条表明需求量与价格呈反方向变动的向右下方倾斜的曲线，如图5-10所示。

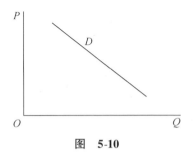

图 5-10

2. 平均收益与边际收益

在完全垄断市场上，每一单位产品的销售价格也就是它的平均收益，因此，价格仍

等于平均收益。

但是,在完全垄断市场上,当垄断厂家增加产量,产品的价格会下降,从而边际收益减少,这样,平均收益就不会等于边际收益。可用表 5-2 来说明这一关系。

表 5-2

销售量	价格	总收益	平均收益	边际收益
0	—	0	—	—
1	6	6	6	6
2	5	10	5	4
3	4	12	4	2
4	3	12	3	0
5	2	10	2	−2
6	1	6	1	−4

从表 5-2 中可以看出,价格随销售量的增加而下降,价格与平均收益相等,但平均收益并不等于边际收益。平均收益是在下降的,因此,边际收益小于平均收益。还可以看出,需求曲线与平均收益曲线仍然是重合的,是一条向右下方倾斜的线,而边际收益曲线则是在平均收益曲线之下的一条向右下方倾斜的线,如图 5-11 所示。

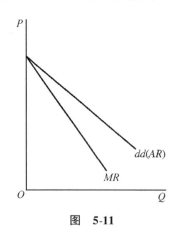

图 5-11

在图 5-11 中, $dd(AR)$ 是需求曲线与平均收益曲线, MR 是边际收益曲线。

三、完全垄断市场上的厂商均衡

可先用图 5-12 来分析完全垄断市场上的短期均衡。

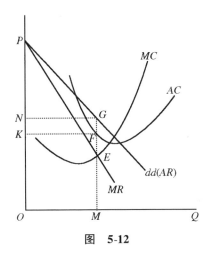

图 5-12

在图 5-12 中,产量仍然由边际收益曲线(MR)与边际成本曲线(MC)的交点 E 决定,即为 M,因为垄断厂商为了实现利润最大化,仍然要遵循边际收益等于边际成本的原则。由 M 作一条垂直的线就是产量为 M 时的供给曲线,它与需求曲线 dd 相交于 G,决定了价格水平为 N。这时,总收益为平均收益(或价格)与产量的乘积,即图中的 OMGN;总成本为平均成本与产量的乘积,即图中的 OMFK。总收益大于总成本,即 OMGN > OMFK,所以 KFGN 为超额利润。在这种情况下,超额利润是由于垄断所引起的,因此,被称为垄断利润。这时均衡的条件是:

$$MR = MC$$

在完全垄断市场上,长期均衡与短期均衡基本相同,即均衡条件都是 $MR = MC$,并且都有垄断利润存在。但在长期中,垄断厂商也要调整产量,即要在"高价少销"或"低价多销"中作出选择以便获得更多的垄断利润。在进行这种选择时,垄断厂商要考虑该产品的需求弹性、生产要素的供给与价格等因素。

四、对完全垄断市场的评论

一般认为,完全垄断对经济是有害的,这主要是因为:第一,在完全垄断下,垄断厂商可以通过高价少销来获得超额利润,这样就会使资源无法得到充分利用,引起资源浪费。第二,垄断厂商控制了市场,也就控制了价格,它所制定的价格往往高于完全竞争时的价格,这就引起消费者剩余的减少和社会经济福利的损失。第三,垄断利润的存在是垄断厂商对整个社会的剥削,这就引起收入分配的不平等。第四,垄断的存在有可能阻碍技术进步。正因为这样,完全垄断被认为是一种不利于社会进步的状态。

但是，对完全垄断市场也要作具体分析。首先，有些完全垄断，尤其是政府对某些公用事业的垄断，并不以追求垄断利润为目的。这些公用事业往往投资大、投资周期长而利润率低，但又是经济发展和人民生活所必需的。这样的公用事业由政府进行完全垄断，会给全社会带来好处。然而也应该指出，由政府完全垄断这些公用事业，往往会由于官僚主义而引起效率低下。其次，对于完全垄断下的技术进步问题，有不同看法。其中有一种意见认为，垄断厂商具有更雄厚的资金与人力，从而能更有力地促进技术进步，从近年来的事实看，这种观点似乎更有道理。

完全竞争与完全垄断是经济中少见的情况。经济中更普遍的是垄断与竞争的不同程度组合。这就是包括垄断竞争与寡头垄断的不完全竞争。

第四节　垄断竞争市场上的厂商均衡

一、垄断竞争的含义与条件

垄断竞争是指一种既有垄断又有竞争，既不是完全竞争又不是完全垄断的市场结构。

引起这种垄断竞争的基本条件是产品差别的存在。如前所述，产品差别是指同一种产品在质量、包装、品牌、外形或销售条件等方面的差别。一种产品不仅要满足人们的实际生活或其他需要，而且要满足人们的心理需要。同一种产品在质量、包装、品牌或销售条件等方面的差别，则会满足不同消费者的心理需要。例如我们前面所提到的汽车，它除了满足人们便利交通的需要之外，还可以满足多种心理需要；名牌汽车可以满足显示社会身份的需要，式样别致、颜色鲜艳的汽车可以满足人们对美的追求，等等。每一种有差别的产品都可以以自己的产品特色在一部分消费者中形成垄断地位。这样，产品差别就会引起垄断。这就是西方经济学家所说的"有差别存在就会有垄断"的意思。但是，产品差别是指一种产品的差别，这样各种有差别的产品之间又存在替代性，即它们可以互相代替，满足某些基本需求。例如，不同品牌、颜色、类型的汽车都可以满足便利交通的需求，因此是可以互相替代的。有差别产品之间的这种替代性就引起这些产品之间的竞争。所以说，产品差别既会产生垄断，又会引起竞争，从而形成一种垄断竞争的状态。

有差别的产品往往是由不同的厂商生产的。因此，垄断竞争的另一个条件就是存在较多的厂商。这些厂商努力创造自己产品的特色,以形成垄断,而这些产品之间又存在竞争。这就使这些厂商处于垄断竞争的市场中。

经济中许多产品都是有差别的,因此,垄断竞争是一种普遍现象,而最明显的垄断竞争市场是轻工业品市场。

二、垄断竞争市场上的厂商均衡

在短期中,每一个生产有差别产品的厂商都可以在部分消费者中形成自己的垄断地位,处于完全垄断状态。从而,垄断竞争市场上的短期均衡与完全垄断市场上相同,即均衡条件是 $MR = MC$,存在着超额利润。

在长期中,垄断竞争的市场上也存在着激烈的竞争。超额利润的存在是推动各厂商进行竞争的动力。各个厂商可以创造自己更有特色的产品,也可以仿制别人有特色的产品,还可以通过广告来创造消费者的需求,形成自己产品的垄断地位。竞争的结果必然导致各种有差别产品的价格下降。可以用图 5-13 来说明长期均衡的情况。

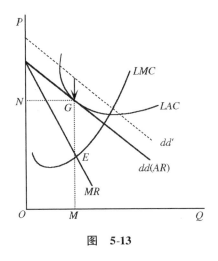

图 5-13

在图 5-13 中,虚线 dd' 是短期的需求曲线,在长期中由于各厂商激烈的竞争,使价格水平下降,从而需求曲线移动到 dd。这时,厂商决定产量的原则仍然是边际收益等于边际成本,因此,边际成本曲线(LMC)与边际收益曲线(MR)的交点 E 决定了产量为 M。由 M 作一条垂直的线即是产量为 M 时的供给曲线,这条供给曲线与需求曲线 dd 相交于 G,决定了价格水平为 N。这时,总收益为平均收益(价格)乘以产量,即图中的 $OMGN$;总成本为平均成本乘以产量,平均成本在产量为 M 时也是 N,因此,总成本也是 $OMGN$。总收益与总成本相等,不存在超额利润。这时各厂商不再调整自己的产量,实现了长期均衡。从图中可以看出,在实现了长期均衡时,边际收益等于边际成本,平均收益等于平均成本。所以,垄断竞争市场上长期均衡的条件是:

$$MR = MC$$
$$AR = AC$$

三、对垄断竞争市场的评论

可以把垄断竞争市场与完全竞争和完全垄断市场相比。首先,从平均成本来看,垄断竞争市场上的平均成本比完全竞争时高,这说明垄断竞争时由于有垄断的存在,生产要素的效率不如完全竞争时高。但这时的平均成本一般又低于完全垄断时,说明由于有竞争的存在,生产要素的效率又比完全垄断时高。其次,从价格来看,即使在长期中,垄断竞争时的价格也高于完全竞争时,因为这时的平均成本是高的。对消费者来说,付出高于完全竞争时的价格,得到的是丰富多彩各具特色的产品,可以满足不同的要求。但垄断竞争下的价格又要低于完全垄断时,因为这时价格不是由垄断者决定的垄断价格,而是由市场竞争形成的价格。最后,从产量来看,垄断竞争时的产量一般要低于完全竞争时而高于完全垄断时,这说明垄断竞争下资源的利用程度不如完全竞争时而优于完全垄断时。

在分析垄断竞争市场的优缺点时,还要注意两点:第一,垄断竞争有利于鼓励进行创新。因为竞争的存在、短期超额利润的存在激发了厂商进行创新的内在动力。通过生产出与众不同的产品可以在短期内获得垄断地位及超额利润,这就使各厂商有进行创新的愿望。而长期中的竞争又使这种创新的动力持久不衰。第二,垄断竞争之下会使销售成本,主要是广告成本增加。各厂商要使自己的产品成为有特色的产品,必须进行广告宣传。这种广告对生产和消费有促进作用,但同时增加了销售成本,也增加了总成本和平均成本。

西方许多经济学家认为,垄断竞争从总体上看是利大于弊的。而在现实中,垄断竞争也是一种普遍存在的市场结构。

第五节 寡头垄断市场上的厂商均衡

一、寡头垄断的含义与条件

寡头垄断又称寡头,其原意是指为数不多的销售者,现指少数几家厂商垄断了某一行业的市场,控制了这一行业的供给。这种行业的特点是规模经济至关重要,企业只有做大才能做强。所以,在这种市场上,几家厂商的产量在该行业的总供给中占了很大的比例,每家厂商的产量都占有相当大的份额,从而每家厂商对整个行业价格与产量的决定都有举足轻重的影响,而这几家厂商之间又存在着不同形式的竞争。

寡头垄断市场不受产品差别的影响,生产无差别产品的寡头被称为纯粹寡头(例如钢铁、石油行业的寡头),生产有差别产品的寡头被称为差别寡头(例如汽车、香烟、造船行业的寡头)。

寡头垄断市场在经济中占有十分重要的地位。例如在美国,钢铁、汽车、炼铝、石油、飞机制造、机械、香烟等重要行业都是寡头垄断市场。在这些行业中,大都是四五家公司的产量占全行业产量的70%以上。在日本、欧洲等发达国家也存在着同样的现象。

为什么在钢铁、汽车、造船这类重工业行业中寡头垄断是最普遍的呢?我们知道,这些行业有一个基本特点,这就是这类产品只有在大规模生产时才能获得好的经济效益。因为这些行业都要使用先进的大型设备,要有精细的专业分工,这样,在开始投资时所需的资金十分巨大,只有在产量达到一定规模后平均成本才会下降,生产才是有利的。也就是说,在这种行业中,大规模生产的经济特别明显。在这些行业中每个厂商的产量都十分大,这就决定了只要几家厂商存在,它们的产量就可以满足市场的需求。此外,在开始建厂时所需投资的巨大,也使其他厂商很难进入这一行业,与这一行业中已有的几家大厂商进行竞争。更何况已有的几家寡头也要运用各种方法阻止其他厂商的进入。因此,应该说,寡头垄断的形成首先是某些产品的生产与技术要求决定的。此外,这些寡头本身所采取的种种排他性措施,以及政府对这些寡头的扶植与支持,也促进了寡头垄断市场的形成。

二、寡头垄断市场的特征

寡头垄断市场具有其他市场结构所没有的一个重要特征：几家寡头之间的相互依存性。在完全竞争与垄断竞争市场上，厂商数量都相当多，各厂商之间并没有什么密切的关系。完全垄断市场上只有一家厂商，并不存在与其他厂商的关系的问题。在完全竞争和垄断竞争市场上，各厂商都是独立地作出自己的决策，而不用考虑其他厂商的决策或对自己的决策的反应。在寡头垄断市场上，厂商数量很少，每家厂商都占有举足轻重的地位。它们各自在价格或产量方面决策的变化都会影响整个市场和其他厂商的行为。因此，寡头垄断市场上各厂商之间存在着极为密切的关系。每家厂商在作出价格或产量方面的决策时，不仅要考虑到本身的成本与收益情况，而且要考虑到这一决策对市场的影响，以及其他厂商可能作出的反应。这就是寡头之间的相互依存性。

寡头之间的这种相互依存性对寡头垄断市场的均衡有至关重要的影响。首先，在寡头垄断市场上，很难对产量与价格问题作出像前三种市场那样确切而肯定的答案。这是因为，各个寡头在作出价格或产量方面的决策时，都要考虑到竞争对手的反应，而竞争对手的反应可能是多种多样的。在各寡头都保守自己的"商业秘密"的情况下，这种反应很难捉摸。这就使价格与产量问题难以确定。其次，价格和产量一旦确定之后，就有其相对稳定性。这就是说，各个寡头由于难以捉摸竞争对手的行为，一般不会轻易变动已确定的价格与产量水平。最后，各寡头之间的相互依存性，使它们之间更容易形成某种形式的勾结。但各寡头之间利益又是矛盾的，这就决定了勾结并不能代替或取消竞争，寡头之间的竞争往往会更加激烈。这种竞争有价格竞争，也有非价格竞争，例如通过广告进行竞争，等等。

三、寡头垄断市场上产量的决定

各寡头之间可能存在相互勾结的情况，也可能不存在相互勾结的情况。在这两种情况下，产量的决定是有差别的。

当各寡头之间存在勾结时，产量是由各寡头协商确定的。而协商确定的结果有利于谁，则取决于各寡头实力的大小。这种协商可能是对产量的限定（例如，石油输出国组织对各产油国规定的限产数额），也可能是对销售市场的瓜分，即不规定具体产量的限制,而是规定各寡头的市场范围。当然,这种勾结往往是暂时的,当各寡头的实力发生变化之后,就会要求重新确定产量或瓜分市场,从而引起更加激烈的竞争。

在不存在勾结的情况下,各寡头是根据其他寡头的产量决策来调整自己的产量,以达到利润最大化的目的的。这要根据不同的假设条件进行分析,这里就不论述了。

四、寡头垄断市场上价格的决定

寡头垄断市场上价格的决定也要区分存在或不存在勾结的情况。在不存在勾结的情况下,价格决定的方法是价格领先制和成本加成法;在存在勾结的情况下,价格决定的方法则是卡特尔。

1. 价格领先制

又称价格领袖制,指一个行业的价格通常由某一寡头率先制定,其余寡头追随其后确定各自的价格。作为价格领袖的厂商,可能是该行业最大的厂商,在该行业中具有绝对的支配地位,也可能是对市场信息了解最及时、最准确,从而能正确地反映市场状况的厂商,还可能是成本最低、效率最高的厂商。

2. 成本加成法

这是寡头垄断市场上一种最常用的方法,即在估算的平均成本的基础上加一个固定百分率的利润。例如,某产品的平均成本为 100 元,利润率确定为 10%,这样,这种产品的价格就可以定为 110 元。平均成本可以根据长期中成本变动的情况确定,而所加的利润比率则要参照全行业的利润率情况确定。这种定价方法可以避免各寡头之间的价格竞争,使价格相对稳定,从而避免在降价竞争中各寡头俱伤。从长期来看,这种方法能接近于实现最大利润,是有利的。

3. 卡特尔

是指各寡头之间公开进行勾结形成的寡头垄断组织,目的是协调它们的行动、共同确定价格。例如,石油输出国组织就是这样一个国际卡特尔。卡特尔共同制定统一的价格,为了维持这一价格还必须对产量实行限制。但是,由于卡特尔各成员之间的矛盾,有时达成的协议也很难兑现,或引起卡特尔解体。在不存在公开勾结的卡特尔的情况下,各寡头还能通过暗中的勾结(默契)来确定价格。

五、对寡头垄断市场的评价

寡头垄断在经济中是十分重要的。一般认为,它具有两个明显的优点:第一,可以实现规模经济,从而降低成本,提高经济效益。第二,有利于促进科学技术进步。各个寡头为了在竞争中取胜,就要提高生产率,创造新产品,这就成为寡头厂商进行技术创新的动力。此外,寡头厂商实力雄厚可以用巨额资金与人力来进行科学研究。例如,美国电话电报公司所创办的贝尔实验室,对电子、物理等科学技术的发展作出了许多突破性贡献,而这一实验室是以美国电话电报公司雄厚的经济力量作为后盾的。

对寡头垄断的批评就是各寡头之间的勾结往往会抬高价格,损害消费者的利益和社会经济福利。

第六节 产 业 政 策

在市场经济中,厂商为了利润最大化而生产。利己的动机、垄断的存在都必然与社会整体利益发生冲突。这样,就需要有相应的政策进行引导。

一、厂商生产中的社会问题

市场经济是一个以厂商为中心的经济,各厂商为了自己的利润最大化进行生产,应该享有自己作出生产决策的自由。但生产又是一个社会问题,各厂商的生产决策必然影响整个社会。这样,就应该对厂商的生产进行必要的引导、限制,使之不仅符合厂商利润最大化的利益,而且符合整个社会的利益。

厂商的生产与整个社会的利益有其一致性的一面,例如,厂商的利润最大化能使社会资源得到充分而有效的利用,厂商为社会提供了丰富的产品和就业机会,等等。但是,厂商的生产与整个社会的利益也有矛盾。这主要表现在这样几方面:

第一,私人成本、私人收益与社会成本、社会收益的不一致。厂商在生产中所消耗的各种成本是私人成本,社会为厂商的生产所付出的代价是社会成本。厂商从生产中得到的收益是私人收益,社会从厂商的生产中得到的收益是社会收益。私人成本与社会成本并不一定完全一致,私人收益与社会收益也不一定完全一致。

厂商在生产中总要千方百计地降低生产成本,而这种私人成本的降低,却可能引起社会成本的增加。例如,化工厂将生产中有毒的废水或废气排入河流或大气中,可以降低处理这些有害物质的成本。但社会却要为消除这些废物对环境的污染,而付出高昂的代价。20世纪初,英国经济学家A.庇古就注意到了这一问题。他举例说,火车从农田开过,火车中冒出的浓烟就对环境与农作物造成了危害,消除这种危害则要社会付出代价。

厂商从出售的产品中可以获得收益,而且要使其利润最大化,但这种私人收益并不一定等于社会收益。例如,生产香烟、烈性酒等的厂商所得到的私人收益是高的,但社会所得到的社会收益很低,甚至是负数。也有些产品,例如残疾人用品、低档小商品,厂商获得的私人收益是低的,但社会所得到的社会收益是大的。

这种私人成本与社会成本、私人收益与社会收益的不一致性,就要通过产业政策来进行调节。

第二,竞争与垄断的矛盾。在厂商理论中,我们分析了各种市场结构的优缺点。完全竞争的情况实际上是很罕见的,竞争必然产生垄断。垄断是生产发展的必然趋势,它会给社会生产的进一步发展提供有利的条件,但也会破坏市场机制的正常作用,造成资源浪费,侵害消费者的利益,引起收入分配的不平等。这就要求社会协调竞争与垄断的关系,尤其是克服垄断所带来的种种弊病。

此外,在各厂商的生产中还有种种关系要通过政策来调节。

二、对厂商生产活动的限制

厂商所进行的各种生产,至少应该使私人成本与社会成本、私人收益与社会收益相等。为了实现这一点,政府应该采取一些必要的政策措施。其中主要有:

第一,法律上的限制。各国政府都制定了各种各样的法令、规则来限制与调节厂商的生产。例如,环境保护法要求厂商治理生产中所引起的污染,要求各种产品达到一定的环境保护标准(如限制汽车排出的废气量与噪音量)。

第二,税收政策。对生产的私人成本小于社会成本、私人收益大于社会收益的厂商,各国政府一般通过税收来进行调节。例如,对香烟等类商品征收重税以限制其生产和销售,对带来环境污染的厂商则征收附加税,等等。而对那些能给社会带来很大收益、私人收益低的产品的生产者予以减税或补助。

第三,限产或价格管制的政策。对那些社会收益小或社会成本大的产品进行限产或在价格上进行限制,以减少其私人收益,从而使厂商自动转产或停产。

这些政策有利于消除厂商生产对社会的某些不利影响,但也会有副作用。过多的法令或规定会使厂商的经营活动受到限制,从而削弱厂商的活力。对产品的质量进行限制会提高成本,削弱产品在国内外的竞争能力。例如,美国对汽车的生产规定了严格的排放废气量和噪音量标准,使汽车的成本提高,减少了对新型汽车的研发费用,因而该国汽车的竞争力不如日本或德国的汽车。从社会的角度看,对厂商的生产进行适当的限制是必要的,但限制过多也会适得其反。

三、反托拉斯法

在资本主义经济发展中,政府曾采取过种种政策促进生产的集中,以便获得大规模生产的好处。这些政策对垄断的形成与经济的发展起过积极作用。但是,垄断的形成也带来种种弊病,垄断组织凭借其垄断地位剥削中小生产者与消费者的行为,引起了社会的广泛反对。这样,政府就不得不以各种方法来对垄断进行限制。

在这些限制方法中,最主要的是反托拉斯法。反托拉斯法是反对垄断、保护竞争的立法,目的在于禁止或限制垄断。早在17世纪,英国法院就有反对国王授予某些人垄断权(主要贸易垄断)的不成文法。在近代,美国在1890年通过了第一个联邦反托拉斯法——《谢尔曼反托拉斯法》,宣布"旨在限制贸易的联合或勾结"都是非法的。但这一立法实际上并未执行。1914年,美国又通过了《克莱顿反托拉斯法》和《联邦贸易委员会法》,把价格歧视、排他性或约束性契约、公司相互持有股票、连锁董事会等列为非法的垄断行为。以后,又对这些立法进行了修改。但这些法律实际上很难行得通,垄断组织往往可以钻法律的空子,逃避对它们垄断行为的限制与惩罚。这是因为,不容易确立垄断组织行为的判断标准,不容易对垄断组织进行调查,对垄断组织的行为也缺乏足够的控制力。

另一种反垄断的政策是有效竞争。这种政策主张对不同的产业部门采取不同的反垄断政策。具体来说,对主要由中小企业组成的轻工业部门与零售商业部门,自由竞争是有利的,应采用禁止性的反垄断政策。对于公用事业和其他某些天然具有垄断性的部门,则应实行国家垄断。对于重工业部门,垄断有助于最优规模经济的实现,因此,只适合实行有限的反垄断政策,即允许垄断的存在,只是对它的行为要进行适当的管制。具体的办法是利用国际竞争来限制垄断,或利用工会、消费者协会来与垄断组织进行对抗,限制垄断行为。现在一般主张采用这种有限的反垄断政策。

四、国有化政策

在许多西方国家,国有化是一项主要的政策。实行国有化的行业,或者是对国家利益关系重大的行业(例如军工、重要的工业、前沿科技等),或者是私人不愿意经营或无力经营的行业(例如交通、邮电及其他公用事业等),或者是一些新兴的、风险大的行业。

国有化的优点在于:第一,有利于促进经济增长。国家直接投资,有利于为经济发展提供一个良好的基础设施,建立起完善的通信、交通、卫生、教育等设施。这些设施只有国家才有能力兴办,才能实现规模经济,并能从全社会的角度来充分合理地利用资源。第二,有利于经济的稳定。国有企业可以作为政府稳定经济的调节器,对克服经济的周期性波动、稳定物价和就业都有一定的积极作用。第三,有利于社会财产分配与收入分配的平等化。第四,有利于对抗私人垄断,对垄断起到限制与对抗的作用。但是,国有化也产生了许多问题,主要是:国有企业官僚主义严重,生产效率低下;国有企业的亏损增加了政府财政的负担。

第二次世界大战前后,西方国家的企业国有化发展相当快,这对当时经济的恢复与发展起到了一定的作用。但是随着国有化的发展,它的缺点越来越明显,低下的生产效率,严重的亏损,都给经济发展带来不利影响。这正是20世纪70年代末期以后国有企业私营化的原因。

第六章 分配理论

学过政治经济学的人都知道,19世纪法国资产阶级经济学家萨伊曾提出了一个"三位一体"的公式:劳动—工资,资本—利息,土地—地租。以后英国经济学家马歇尔又在此基础上增加了"企业家才能—利润",而成为"四位一体"的公式。这个公式概括了西方经济学分配理论的中心,即在生产中,工人提供了劳动,获得了工资;资本家提供了资本,获得了利息;地主提供了土地,获得了地租;企业家提供了企业家才能,获得了利润。简言之,各种生产要素都根据自己在生产中所作出的贡献而获得了相应的报酬。在本章中,我们就要介绍这种分配原则以及相关的分配政策。

第一节 工资、利息、地租与利润的决定

如前所述,分配理论要解决"为谁生产"的问题。作为资源配置的问题之一,这个问题也要由价格来解决。根据西方经济学家的解释,各种收入就是生产要素的价格,所以,分配理论也就是要解决生产要素的价格决定问题。生产要素的价格与产品的价格一样,是由供求关系决定的,即生产要素的供给与需求决定了生产要素的价格。因此,分配理论实际是均衡价格理论在分配问题上的应用。我们分别介绍工资、利息、地租和利润的决定。

一、工资理论:工资的决定

西方经济学家认为,工资是劳动这种生产要素的价格。价格取决于供求关系,因此,首先应该分析劳动的需求与供给。

1. 劳动的需求与供给

厂商对劳动的需求取决于多种因素,例如,市场对产品的需求、劳动的价格、劳动在生产中的重要性,等等。但劳动的需求最主要的还是取决于劳动的边际生产力。劳动的边际生产力是指在其他条件不变的情况下,增加一单位劳动所增加的产量。劳动

的边际生产力是递减的。厂商在购买劳动时要使劳动的边际成本(工资)等于劳动的边际产品。如果劳动的边际产品大于工资,劳动的需求就会增加;如果劳动的边际产品小于工资,劳动的需求就会减少。因此,劳动的需求曲线是一条向右下方倾斜的曲线,表明劳动的需求量与工资呈反方向变动,可用图 6-1 来说明这一点。

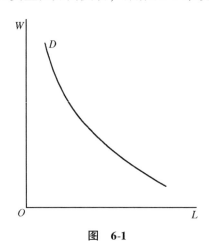

图 6-1

在图 6-1 中,横轴代表劳动的需求量,纵轴代表工资水平,D 为劳动的需求曲线。

劳动的供给主要取决于劳动的成本。这种劳动的成本包括两类:一类是实际成本,即维持劳动者及其家庭生活必需的生活资料的费用,以及培养、教育劳动者的费用。另一类是心理成本。劳动是以牺牲闲暇的享受为代价的,劳动会给劳动者心理上带来负效用,补偿劳动者这种心理上负效用的费用就是劳动的心理成本。

劳动的供给有自己的特殊规律。一般来说,当工资增加时劳动会增加,但工资增加到一定程度后如果再继续增加,劳动不但不会增加,反而还会减少。这是因为,工资收入增加到一定程度后,货币的边际效用递减,不足以抵消劳动的负效用,从而劳动就会减少,可用表 6-1 来说明这一情况。

表 6-1

工资(元/小时)	劳动供给量(小时)
3	1 500
4	2 000
5	2 500
7	2 500
9	2 100
12	1 500

根据表 6-1 可画出图 6-2。

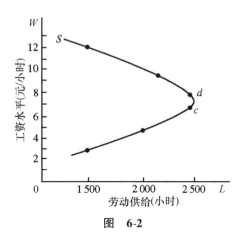

图 6-2

在图 6-2 中,横轴代表劳动供给量,纵轴代表工资水平,S 为劳动的供给曲线。在 c 点之前,劳动的供给量随工资增加而增加;在 c 点到 d 点之间,工资增加而劳动供给量不变,这是一个短暂的过渡;在 d 点之后,工资增加而劳动供给量减少,这时的供给曲线称为"向后弯曲的供给曲线"。

此外,劳动的供给还取决于人口增长率、劳动力的流动性、移民的规模等因素。

2. 完全竞争条件下工资的决定

劳动的需求与供给共同决定了完全竞争条件下的工资水平。这一点可用图 6-3 来说明。

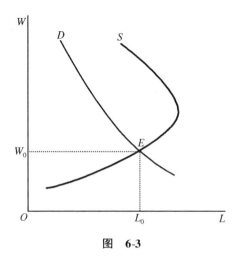

图 6-3

在图 6-3 中,劳动的需求曲线 D 与劳动的供给曲线 S 相交于 E,这就决定了工资水

平为 W_0,这一工资水平等于劳动的边际生产力。这时劳动的需求量与供给量都为 L_0。西方经济学家一般认为,当劳动的需求大于供给时,工资会上升,从而增加劳动的供给,减少劳动的需求;当劳动的需求小于供给时,工资会下降,从而减少劳动的供给,增加劳动的需求。正如价格的调节使产品市场实现供求相等一样,工资的调节也使劳动力市场实现供求相等,并保证充分就业。

3. 不完全竞争条件下工资的决定:工会对工资决定的影响

现实中劳动力市场往往并不是完全竞争的,既可能存在着工会对劳动供给的垄断,也可能存在着厂商对劳动需求的垄断。在这两种情况下,工资可能高于或低于其边际生产力。具体来说,当存在工会对劳动供给的垄断时,工资可能高于其边际生产力;当存在厂商对劳动需求的垄断时,工资可能低于其边际生产力。而实际工资水平取决于工会与厂商双方的力量,即劳资力量的对比,以及其他一些经济与非经济因素(例如,经济的繁荣或萧条,政府的干预,等等)。实际货币工资水平是劳资双方集体协商的结果。从当前西方国家的情况来看,工会在工资的决定中起着重要的作用,工会的目的在于提高工资水平,其主要方法有:

(1) 增加对劳动的需求

在劳动供给不变的条件下,通过增加对劳动的需求的方法来提高工资,不但会使工资增加,而且可以增加就业。这种方法对工资与就业的影响可用图 6-4 来说明。

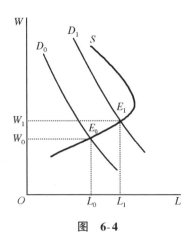

图 6-4

在图 6-4 中,劳动的需求曲线原来为 D_0,这时,D_0 与劳动的供给曲线 S 相交于 E_0,决定了工资水平为 W_0,就业水平为 L_0。劳动的需求增加后,劳动的需求曲线由 D_0 移动到 D_1,这时 D_1 与劳动的供给曲线 S 相交于 E_1,决定了工资水平为 W_1,就业水平为 L_1。$W_1 > W_0$,说明工资上升了;$L_1 > L_0$,说明就业水平提高了。

工会增加厂商对劳动需求最主要的方法是增加市场对产品的需求,因为劳动需求是由产品需求派生而来的。增加对产品的需求就要通过政府或其他活动来增加出口、限制进口,实行保护贸易政策。此外,机器对劳动的代替是劳动需求减少的一个重要原因,因此,工会也会从增加对劳动的需求这一目的出发,反对用机器代替工人。尤其在早期,这一方法被广泛使用。

(2) 减少劳动的供给

在劳动需求不变的条件下,通过减少劳动的供给同样也可以提高工资,但这种情况会使就业减少。这种方法对工资与就业的影响可以用图6-5来说明。

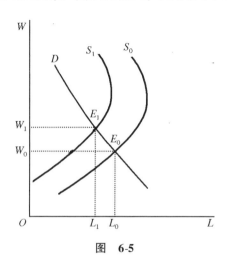

图 6-5

在图6-5中,劳动的供给曲线原来为S_0,这时,S_0与劳动的需求曲线D相交于E_0,决定了工资水平为W_0,就业水平为L_0。劳动的供给减少后,劳动的供给曲线由S_0移动到S_1,这时S_1与劳动的需求曲线D相交于E_1,决定了工资水平为W_1,就业水平为L_1。$W_1 > W_0$,说明工资上升了;$L_1 < L_0$,说明就业水平下降了。

工会减少劳动供给的方法主要有:限制非工会会员受雇,迫使政府通过强制退休、禁止使用童工、限制移民、减少工作时间的法律,等等。

(3) 最低工资法

工会迫使政府通过立法规定最低工资,这样,在劳动的供给大于需求时也可以使工资维持在一定的水平上。这种方法对工资与就业的影响可以用图6-6来说明。

在图6-6中,劳动的需求曲线D与供给曲线S相交于E_0,决定了工资水平为W_0,就业水平为L_0。最低工资法规定的最低工资为W_1,$W_1 > W_0$,这样能使工资维持较高的水平。但在这种工资水平时,劳动的需求量为L_1,劳动的供给量为L_2,有可能出现失业。

还应该指出的是,工会对工资决定的影响也是有限的。这种影响的大小取决于整

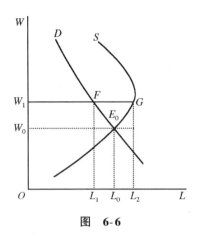

图 6-6

个经济形势的好坏,劳资双方的力量对比,政府干预的程度与倾向性,工会的斗争方式与艺术,社会对工会的同情和支持程度,等等。工会只有善于利用各方面的有利条件,才能在为会员争取提高工资的斗争中取得胜利。

二、利息理论:利息的性质与决定

利息是资本这种生产要素的价格。资本家提供了资本,得到了利息。利息与工资计算的方式不同,它不是用货币的绝对量来表示,而是用利率来表示,利率是利息在每一单位时间内(例如一年内)在货币资本中所占的比率。例如,货币资本为 10 000 元,利息为一年 1 000 元,则利率为 10%,或称年息 10%。这 10% 就是货币资本在一年内提供生产性服务的报酬,即这一定量货币资本的价格。

1. 利息的性质

西方经济学家曾提出各种理论来证明利息的合理性。

为什么对资本应该支付利息呢?他们认为,人们具有一种时间偏好,即在未来消费与现期消费中,人们是偏好现期消费的。换句话说,现在多增加一单位消费所带来的边际效用大于将来多增加这一单位消费所带来的边际效用。之所以有这种情况,是因为未来是难以预期的,人们对物品未来效用的评价总要小于现在的效用。例如,人们对现在或 5 年后购买同一辆汽车所带来的效用评价就不同。也许他认为自己不一定能活到 5 年之后,这样,现在购买这辆汽车能给他带来效用,5 年之后则没有用了;也许他现在更加需要汽车,5 年之后则不如现在这样需要,因此,现在这辆汽车带来的效用比未来大;也许他会认为未来汽车不如现在这样稀缺,所以,未来汽车的效用不如现在大;等等。人们总是喜爱现期消费,因此,放弃现期消费把货币作为资本就应该得到利息作为报酬。

为什么资本也能带来利息呢?他们用迂回生产理论来解释这一点。迂回生产就是先生产生产资料(或称资本品),然后用这些生产资料去生产消费品。迂回生产提高了生产效率,而且迂回生产的过程越长,生产效率越高。例如,原始人徒手去打猎是直接生产,当原始人先制造弓箭而后用弓箭去打猎时就是迂回生产。用弓箭去打猎比徒手去打猎的效率要高。如果延长迂回生产的过程,先采矿、炼铁、造机器,然后制造出猎枪,用猎枪打猎,那么效率就会更高。现代生产的特点就在于迂回生产。但迂回生产如何能实现呢?这就必须有资本。所以说,资本使迂回生产成为可能,从而提高了生产效率。这种由于资本而提高的生产效率就是资本的净生产力。资本具有净生产力是资本能带来利息的根源。

西方经济学家关于资本性质的论述,证明了利息的合理性。

2. 利率的决定

利率取决于对资本的需求与供给。资本的需求主要是企业投资的需求,因此,可以用投资来代表资本的需求。资本的供给主要是储蓄,因此,可以用储蓄来代表资本的供给。这样就可以用投资与储蓄来说明利率的决定。

企业借入资本进行投资,是为了实现利润最大化,这样投资就取决于利润率与利率之间的差额。利润率与利率之间的差额越大,即利润率越是高于利率,纯利润就越大,企业也就越愿意投资;反之,利润率与利率的差额越小,即利润率越接近于利率,纯利润就越小,企业也就越不愿意投资。这样,在利润率既定时,利率就与投资呈反方向变动,从而资本的需求曲线是一条向右下方倾斜的曲线。

人们进行储蓄,放弃现期消费是为了获得利息。利率越高,人们越愿意增加储蓄;利率越低,人们就越要减少储蓄。这样,利率与储蓄呈反方向变动,从而资本的供给曲线是一条向右上方倾斜的曲线。

利率是由资本的需求与供给双方共同决定的,可用图6-7来说明利率的决定。

在图6-7中,横轴代表资本量,纵轴代表利率,D为资本的需求曲线,S为资本的供给曲线,这两条曲线相交于E,决定了利率水平为i_0,资本量为K_0。

还可以用可贷资金的需求与供给来说明利率的决定。可贷资金的需求包括企业的投资需求、个人的消费需求与政府支出的需求。可贷资金的供给包括个人与企业的储蓄,以及中央银行发行的货币。可贷资金的需求与利率呈反方向变动,可贷资金的供给与利率呈同方向变动。可贷资金的需求与供给决定利率的原理和投资与储蓄决

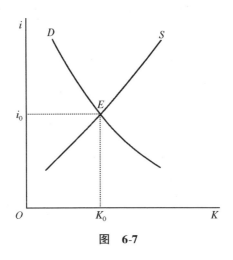

图 6-7

定利率的原理相同。

西方经济学家一般认为,当资本的需求大于供给时,利率会上升,从而减少资本的需求,增加资本的供给;当资本的需求小于供给时,利率会下降,从而增加资本的需求,减少资本的供给。所以,利率的调节会使资本市场均衡。

3. 利息的作用

在经济中,利息有着重要的作用。首先,利息的存在可以鼓励少消费、多储蓄。增加储蓄是发展经济的关键,而刺激人们增加储蓄的最有力的手段就是提高利率。也正因为如此,一般国家在经济开始发展时总要采取高利率的政策。其次,利息的存在可以使资本得到最有效的利用。如果社会的利率水平是既定的,那么,人们就会把资本用于获得利润率最高的部门,利润率最高的部门也就是资本能最好地发挥其作用的部门。此外,企业在支付利息的情况下就要更节约、更有效地利用资本。因此,利息的存在是刺激企业有效地利用资本的最佳手段。最后,当一个社会出现了通货膨胀时,提高利率可以抑制对可贷资金的需求,刺激可贷资金的供给,从而抑制通货膨胀。正因为利息有这样的作用,所以,利用利率来调节经济是很重要的。

三、地租理论:地租的决定

地租是土地这种生产要素的价格,地主提供了土地,得到了地租。如前所述,土地可以泛指生产中使用的自然资源,地租也可以理解为使用这些自然资源的租金。

1. 地租的决定

地租由土地的需求与供给决定。土地的需求取决于土地的边际生产力,土地的边际生产力也是递减的。所以,土地的需求曲线是一条向右下方倾斜的曲线。但土地的供给是固定的,因为在每个地区,可以利用的土地总是有限的。这样,土地的供给曲线就是一条与横轴垂直的线。地租的决定可以用图 6-8 来说明。

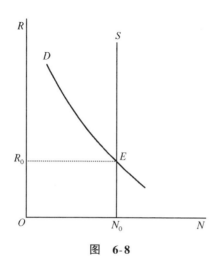

图 6-8

在图 6-8 中,横轴代表土地量,纵轴代表地租,垂线 S 为土地的供给曲线,N_0 为土地的固定供给量,D 为土地的需求曲线,D 与 S 相交于 E,决定了地租为 R_0。

2. 地租的发展趋势

随着经济的发展,对土地的需求不断增加,而土地的供给不能增加,这样,地租就有不断上升的趋势。这一点可用图 6-9 来说明。

在图 6-9 中,土地的需求曲线由 D_0 移动到 D_1 就表明土地的需求增加了,但土地的供给仍为 S。S 与 D_1 相交于 E_1,决定了地租为 R_1。R_1 高于原来的地租 R_0,说明由于对土地的需求增加了,地租上升了。

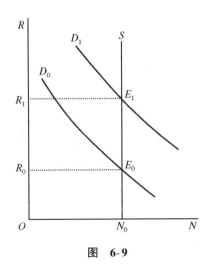

图 6-9

四、利润理论：正常利润与超额利润

西方经济学家把利润分为正常利润与超额利润。这两种利润的性质与来源都不相同，因此要分别加以论述。

1. 正常利润

正常利润是企业家才能的价格，也是企业家才能这种生产要素所得到的收入。它包括在成本之中，其性质与工资相类似，也是由企业家才能的需求与供给所决定的。

如前所述，对企业家才能的需求是很大的，因为企业家才能是企业成功与否的关键。使劳动、资本与土地结合在一起生产出更多产品的决定性因素就是企业家才能。而企业家才能的供给又是很小的，并不是每个人都具有企业家的天赋，能受到良好的教育。只有那些有胆识、有能力，又受过良好教育的人才具有企业家才能。所以，培养企业家才能所耗费的成本也是很高的。企业家才能的需求与供给的特点，决定了企业家才能的收入——正常利润——必然是很高的。可以说，正常利润是一种特殊的工资，其特殊性就在于其数额远远高于一般劳动所得到的工资。

2. 超额利润

超额利润是指超过正常利润的那部分利润。超额利润有其不同的来源，从而也就具有不同的性质。

(1) 创新的超额利润

创新是指企业家对生产要素实行新的组合。它包括五种情况：第一，引入一种新产品；第二，采用一种新的生产方法；第三，开辟一个新市场；第四，获得一种原料的新来源；第五，采用一种新的企业组织形式。

这五种形式的创新都可以产生超额利润。引进一种新产品可以使这种产品的价格高于其成本，从而产生超额利润。采用一种新的方法和新的企业组织形式，都可以提高生产效率、降低成本，获得一种原料的新来源也可以降低成本。这样，产品在按市场价格出售时，由于成本低于同类产品的成本，就获得了超额利润。开辟一个新市场同样也可以通过提高价格而获得超额利润。

创新是社会进步的动力，因此，由创新所获得的超额利润是合理的，是社会进步必须付出的代价，也是社会对创新者的奖励。

(2) 承担风险的超额垄断

风险是从事某项事业时失败的可能性。由于未来具有不确定性，人们对未来的预测有可能发生错误，风险的存在就是普遍的。在生产中，由于供求关系难以预料的变动，由于自然灾害、政治动乱，以及其他偶然事件的影响，也存在着风险，而且并不是所有的风险都可以用保险的方法加以弥补。这样，从事具有风险的生产就应该以超额利润的形式得到补偿。

许多具有风险的生产或事业也是社会所需要的。例如，当粮食丰收时某人可以低价大量收购，以便在以后粮食缺乏时以高价售出。这种活动有利于平抑物价，对社会是有利的，但也有风险，即在以后粮食仍然丰收时就会亏本。但如果情况与他的预测一样，以后出现了粮食缺乏，他就可以以高价售出获得超额利润。这种超额利润就是低价与高价之间的差额减去各种成本的余量。社会中充满了不确定性，风险需要有人承担，因此由承担风险而产生的超额利润也是合理的，可以作为社会保险的一种形式。

(3) 垄断的超额利润

由垄断而产生的超额利润，又称为垄断利润。垄断的形式可以分为两种：卖方垄断与买方垄断。

卖方垄断也称垄断或专卖，指对某种产品出售权的垄断。垄断者可以抬高销售价格以损害消费者的利益而获得超额利润。在厂商理论中分析的垄断竞争的短期均衡，完全垄断的短期与长期均衡，以及寡头垄断下的超额利润，就是这种情况。

买方垄断也称专买，指对某种产品或生产要素购买权的垄断。在这种情况下，垄断者可以压低收购价格，以损害生产者或生产要素的供给者而获得超额利润。

垄断所引起的超额利润是垄断者对消费者、生产者或生产要素供给者的剥削，是不合理的。这种超额利润也是市场竞争不完全的结果。

3. 利润在经济中的作用

西方经济学家认为,利润是社会进步的动力。这是因为:第一,正常利润作为企业家才能的报酬,鼓励企业家更好地管理企业,提高经济效益。第二,由创新而产生的超额利润鼓励企业家大胆创新,这种创新有利于社会的进步。第三,由风险而产生的超额利润鼓励企业家勇于承担风险,从事有利于社会经济发展的风险事业。第四,追求利润的目的使企业按社会的需要进行生产,努力降低成本,有效地利用资源,从而在整体上符合社会的利益。第五,整个社会以利润来引导投资,使投资与资源的配置符合社会的需要。

第二节 社会收入分配与收入分配政策

收入分配不平等是资本主义社会的一个普遍现象。如何衡量社会收入分配状况,并纠正收入分配不平等状况呢?这是本节所要介绍的内容。

一、收入分配的衡量:洛伦斯曲线与基尼系数

洛伦斯曲线是用来衡量社会收入分配(或财产分配)平均程度的曲线。

如果把社会上的人口分为5个等级,各占人口的20%,按他们在国民收入中所占份额的大小可以作出表6-2。

表 6-2

级 别	占人口的百分比	合 计	占收入的百分比	合 计
1	20	20	6	6
2	20	40	12	18
3	20	60	17	35
4	20	80	24	59
5	20	100	41	100

根据表 6-2 可以画出图 6-10。

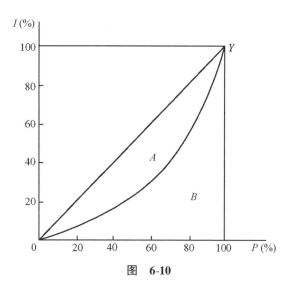

图 6-10

在图 6-10 中,横轴(P)代表人口百分比,纵轴(I)代表收入百分比。OY 为 45°线,在这条线上,每 20% 的人口得到 20% 的收入,表示收入分配绝对平等,被称为绝对平等线。OPY 表示收入分配绝对不平等,被称为绝对不平等线。根据表 6-2 所作的反映实际收入分配状况的洛伦斯曲线介于这两条线之间。洛伦斯曲线与 OY 越接近,表示收入分配愈平等;洛伦斯曲线与 OPY 越接近,表示收入分配愈不平等。如果把收入改为财产,洛伦斯曲线反映的就是财产分配的平等程度。

根据洛伦斯曲线可以计算出反映收入分配平等程度的指标,这一指标被称为基尼系数。

如果我们把图 6-10 中实际收入线与绝对平等线之间的面积用 A 来表示,把实际收入线与绝对不平等线之间的面积用 B 来表示,则计算基尼系数的公式为:

$$基尼系数 = \frac{A}{A+B}$$

当 $A=0$ 时,基尼系数 $=0$,这时收入绝对平等。

当 $B=0$ 时,基尼系数 $=1$,这时收入绝对不平等。

实际基尼系数总是大于 0 而小于 1。基尼系数越小,表示收入分配越平等;基尼系数越大,表示收入分配越不平等。

运用洛伦斯曲线与基尼系数可以对各国收入分配的平均程度进行对比,也可以对各种政策的收入效应进行比较。作为一种分析工具,洛伦斯曲线与基尼系数是很有用的。

在图 6-11 中,有 a,b,c 三条洛伦斯曲线。

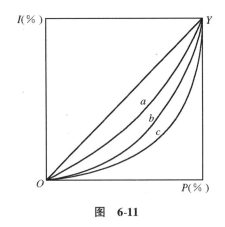

图 6-11

我们如果把 a、b、c 这三条洛伦斯曲线分别作为 A、B、C 三个国家的洛伦斯曲线,那么就可以看出,A 国收入分配最平等,B 国收入分配平等程度次之,C 国收入分配最不平等。

如果我们把 a,b 这两条洛伦斯曲线作为实施一项政策前后的洛伦斯曲线,那么就可以看出,在实施该项政策后,收入分配更不平等了。

同样,我们还可以根据洛伦斯曲线计算基尼系数来进行比较。

二、平等与效率:一个永恒的矛盾

西方经济学家认为,收入分配有三种标准:第一种是贡献标准,即按社会成员的贡献分配国民收入。这就是我们在分配理论中介绍过的,按生产要素的价格进行分配。这种分配标准能保证经济效率,但由于各社会成员能力、机遇的差别,又会引起收入分配的不平等。第二种是需要标准,即按社会成员对生活必需品的需要分配国民收入。第三种是平等标准,即按公平的准则来分配国民收入。后两种标准有利于收入分配的平等化,但不利于经济效率的提高。有利于经济效率则会不利于平等,有利于平等则会有损于经济效率,这就是经济学中所说的平等与效率的矛盾。

收入分配要有利于经济效率的提高,则要按贡献来分配,这样,有利于鼓励每个社会成员充分发挥自己的能力,在竞争中取胜。经济效率的高低体现在经济增长的速度上。

收入分配的平等也可以用三种标准来衡量:一是劳动分配率,即劳动收入在国民收入中所占的比例;二是洛伦斯曲线与基尼系数;三是工资的差异率。

收入分配政策的目标,就是既要有利于经济效率,又要有利于平等。收入分配的基本原则是贡献标准,而收入分配的平等化问题则要通过其他政策来实现。

三、收入分配平等化政策

为了实现收入分配平等化,西方各国都采用了一些有关的政策,这些政策包括:

1. 税收政策

个人所得税是税收的一项重要内容,它通过累进所得税制度来调节社会成员收入分配的不平等状况。

累进所得税制就是根据收入的高低确定不同的税率,对高收入者按高税率征税,对低收入者按低税率征税。以美国为例,按收入的高低分为 14 个税率等级。最低税率(单身年收入在 2 300—3 300 美元,夫妇年收入在 3 400—5 500 美元,有抚养人口的、户主纳税人的年收入在 2 300—4 400 美元)为 11%,最高税率(单身年收入在 55 300 美元以上,夫妇年收入在 109 400 美元以上,有抚养人口的、户主纳税人的年收入在 81 800 美元以上)为 50%。其他各国的所得税也是这种累进税制,只是具体的税率规定不同。

这种累进所得税,有利于纠正社会成员之间收入分配不平等的状况,从而有助于实现收入的平等化。但这种累进所得税不利于有能力的人充分发挥自己的才干,对社会来说也是一种损失。

此外,在个人所得税方面,还区分了劳动收入税与非劳动收入税。对劳动收入按低税率征收,而对非劳动收入(股息、利息等收入)按高税率征收。

除了个人所得税之外,还有其他几种税:遗产税和赠与税,即对财产的转移征收税收;财产税,即对不动产(如土地、房产等)征收税收;消费税,即对某些商品和劳务的消费征收税收。征收遗产税、赠与税以及财产税,是为了纠正财产分配的不平等。财产分配的不平等是收入分配不平等的重要根源,征收这些税也有利于收入分配的平等化。征收消费税,尤其是对奢侈性商品和劳务征收较高的税,也是通过税收实现收入分配平等化的一种方法。因为消费奢侈性商品与劳务而纳税的,仍然是富人。

在实际中,遗产税、赠与税、财产税和消费税,虽然在某种程度上减少了富人的收入,但作用并不明显。因为一来富人可以用各种办法逃税;二来贫富悬殊是资本主义制度的必然结果,不是税收所能消灭得了的。

2. 社会福利政策

如果说税收政策是要通过对富人征收重税来实现收入分配平等化的话，那么，社会福利政策则是要通过给穷人补助来实现收入分配平等化。因此，我们把社会福利政策作为收入分配平等化的一项重要内容。

社会福利政策的历史很长，早在18世纪的英国，就有了《济贫法》。但它作为一项重要的经济政策，是在20世纪30年代形成的。战后，社会福利政策有了迅速的发展，许多国家，尤其是北欧与西欧的一些国家，实行了"从摇篮到坟墓"的社会保险福利制度。

从当前西方各国的情况看，社会福利政策主要有这样一些内容：

第一，各种形式的社会保障与社会保险。具体包括：失业救济金制度，即对失业工人按一定标准发放能使其维持生活的补助金；老年人年金制度，即对退休人员按一定标准发放年金；残疾人保险制度，即对失去工作能力的人按一定标准发放补助金；对有未成年子女家庭的补助；对收入低于一定标准（贫困线）的家庭与个人的补助。这些补助金主要是以货币形式发放，也有发放食品券等实物的。其资金来源，一是个人或企业缴纳的保险金，二是政府的税收。

第二，向贫困者提供就业机会与培训。收入不平等的根源在于贡献的大小，而贡献的大小与个人的机遇和能力相关。这样，政府就可以通过改善穷人就业的能力与条件，来实现收入分配的平等化。在这方面，首先最主要是实现机会均等，尤其是保证所有人的平等就业机会，并按同工同酬的原则支付报酬。其次是使穷人具有就业的能力，包括进行职业培训，实行文化教育计划（如开展扫盲运动），建立供青年交流工作经验的青年之家，实行半工半读计划，使穷人有条件读书，等等。这些都有助于提高穷人的文化技术水平，使他们能从事收入较高的工作。

第三，医疗保险与医疗援助。医疗保险包括住院费用保险、医疗费用保险以及出院后部分护理费用的保险。这种保险主要由保险金支付。医疗援助则是由政府出钱资助医疗卫生事业，使每个人都能得到良好的医疗服务。

第四，对教育事业的资助。具体包括：兴办公立学校，设立奖学金和大学生贷款，帮助学校改善教学条件，资助学校的科研，等等。从社会福利的角度来看，对教育事业的资助有助于提高公众的文化水平与素质。这样也是有利于收入分配平等化的。

第五，各种保护劳动者的立法。具体包括：最低工资法和最高工时法，以及环境保护法、食品和医药卫生法等。这些都有利于增进劳动者的收入，改善他们的工作与生活条件，从而也减少了收入分配不平等的程度。

第六,改善住房条件。具体包括:以低房租向穷人出租国家修建的住宅;对私人出租的房屋实行房租限制;资助无房者建房,如提供低利率的长期贷款,或低价出售国家建造的住宅;实行住房房租补贴;等等。这种政策改善了穷人的住房条件,也有利于实现收入分配平等化。

这些福利政策,对改善穷人的地位和生活条件,提高他们的实际收入水平,确实起到了相当大的作用,对于社会的安定和经济发展也是有利的。但是,这些政策有两个严重的后果:一是降低了社会生产效率。各种各样的社会保障使人们有可能不劳而获,这样人们的生产积极性下降,进而造成社会生产效率下降。二是增加了政府的负担。现在一些北欧"福利国家"的社会保障和福利支出已占到政府支出的80%以上。这种巨额的福利支出,成为各国财政赤字的主要原因。

福利政策的必要性及其所引起的问题,又一次提出了平等与效率的矛盾。如何解决这一矛盾,始终是经济学中的一个富有争议的话题。

第七章　国民收入决定理论

从1929年开始,资本主义世界爆发了空前的大危机。3 000多万人失业,三分之一的工厂停产,整个经济倒退回了一战前的水平。经济处于混乱之中,传统的经济学遇到了挑战。这时,英国经济学家凯恩斯看到了一则古老的寓言。这则寓言说:

"从前有一群蜜蜂过着挥霍、奢华的生活,整个蜂群兴旺发达、百业昌盛。后来,它们改变了原有的生活习惯,崇尚节俭朴素,结果社会凋敝、经济衰落,终于被敌人打败而逃散。"

凯恩斯从这则寓言中悟出了需求的重要性,引发了经济学上著名的"凯恩斯革命"。这场革命的结果就是建立了现代宏观经济学。因此,我们对宏观经济学的介绍就从国民收入决定理论开始。而在了解这一理论之前,我们首先必须了解国民收入这个概念及其衡量方法。

第一节 国民收入核算理论与方法

在国民收入核算中最重要的是计算国内生产总值(Gross Domestic Product,简称GDP)。因此,我们首先介绍国内生产总值这一概念及其核算方法。

一、国内生产总值

国内生产总值是指一国一年内所生产的最终产品(包括产品与劳务)的市场价值的总和。

在理解这一定义时,我们要注意这样几个问题:

第一,国内生产总值指一年内在本国领土范围内所生产的产品与劳务。它不同于国民生产总值(Gross National Product,简称GNP)。国内生产总值包括本国国民与外国国民在本国内生产的产品与劳务,而国民生产总值指本国国民在本国和其他国家生产的产品与劳务。

第二,国内生产总值是指一年内生产出来的产品的总值,因此,在计算时不应包括以前所生产的产品的总值。例如,以前所生产而在该年所售出的存货,或以前所建成而在该年转手出售的房屋等,在计算时不应包括在内。

第三,国内生产总值是指最终产品的总值,因此,在计算时不应包括中间产品的产值,以避免重复计算。

最终产品是最后供人们使用的产品,中间产品是在以后的生产阶段中作为投入品的产品。在实际生活中,许多产品既可以作为最终产品使用,又可以作为中间产品使用,要区分哪些是最终产品、哪些是中间产品是很困难的。例如,煤炭在用作冶金等行业的燃料或化工等工业的原料时就是中间产品,而用作人们生活中的燃料时就是最终产品,这样,区分把哪一部分煤炭算作最终产品、哪一部分算作中间产品就不容易了。为了解决这一问题,在具体计算时采用了增值法,即只计算产品在生产各阶段上所增加的价值。可以用一个例子来说明增值法,见表7-1。

表 7-1　　　　　　　　　　单位:元

生产阶段	产品价值	中间产品成本	增值
棉花	8	—	8
棉纱	11	8	3
棉布	20	11	9
服装	30	20	10
合计	69	39	30

在表7-1中,服装是最终产品,其产值为30元,用增值法计算也是30元,如不区分最终产品和中间产品,则会有重复计算,其产值为39元。只要用增值法,无论把表7-1中哪种产品作为最终产品,都不会造成重复计算。

第四,国内生产总值中的最终产品不仅包括有形的产品,而且包括无形的产品——劳务,因此,要把旅游、服务、卫生、教育等行业提供的劳务,按其所获得的报酬计入国内生产总值中。

第五,国内生产总值指的是最终产品市场价值的总和,因此,要按这些产品的当期价格来计算。这样就引出两个值得注意的问题:其一,不经过市场销售的最终产品(如自给性产品、自我服务性劳务等)没有价格,也就无法计入国内生产总值中;其二,价格是变动的,所以,国内生产总值不仅要受最终产品数量变动的影响,而且要受价格水平变动的影响。

二、国内生产总值的计算方法

在国民经济核算体系中有不同的计算方法,其中最主要的是支出法与收入法。

1. 支 出 法

支出法又称产品流动法、产品支出法或最终产品法。这种方法从产品的使用出发,把一年内购买各项最终产品的支出加总,计算出该年内生产出的最终产品的市场价值。即把购买各种最终产品所支出的货币加在一起,得出社会最终产品的流动量的货币价值的总和。

如果用 $Q_1, Q_2, \cdots, Q_n$ 代表各种最终产品的数量,用 $P_1, P_2, \cdots, P_n$ 代表各种最终产品的价格,则支出法的公式是:

$$Q_1 \cdot P_1 + Q_2 \cdot P_2 + \cdots + Q_n \cdot P_n = \text{GDP}$$

各国在按支出法计算国内生产总值时,具体项目的分类不尽相同。在美国的国民收入统计中,按支出法计算包括这样一些项目:

  个人消费支出(C)
   耐用品
   非耐用品
   劳务支出
  私人国内总投资(I)
   企业固定投资(包括厂房与设备)
   居民购买住房
   企业存货净变动额(年终存货 – 年初存货)
  政府购买支出(G)
   联邦政府支出
   州与地方政府支出
  净出口
   出口(+)
   进口(–)
  ———————
  总计:GDP

2. 收入法

收入法又称要素支付法，或要素收入法。这种方法是从收入的角度出发，把生产要素在生产中所得到的各种收入相加。即把劳动所得到的工资，土地所得到的地租，资本所得到的利息，以及企业家才能所得到的利润相加，计算国内生产总值。

各国在按支出法计算国内生产总值时，具体项目的分类也不尽相同。在美国的国民收入统计中，按收入法计算包括这样一些项目：

  工资和其他补助
  净利息
  租金收入
  利润
   公司利润
    红利
    未分配利润
   非公司利润
    合营企业
    农民
  企业税
   间接税
   公司税
  资本折旧
  误差调整
  ————————
  总计：GDP

按以上两种方法计算所得出的结果，从理论上说应该是一致的，因为它们是从不同的角度来计算国内生产总值。但在实际中，这两种方法所得出的结果往往并不一致。国民经济核算体系以支出法为基本方法，即以支出法所计算出的国内生产总值为标准。如果按收入法计算出的结果与此不一致，就要通过误差调整项来进行调整，使之达到一致。

三、国民收入核算中的其他总量

在国民收入核算中,除了国内生产总值之外,还有另外四个重要的总量:国内生产净值、国民收入、个人收入、个人可支配收入。这五个总量之间存在一定的关系。

国内生产净值(Net Domestic Product,简称 NDP)是指一个国家一年内新增加的产值,即在国内生产总值中扣除了折旧之后的产值。

国民收入(National Income,简称 NI)是指一个国家一年内用于生产的各种生产要素所得到的全部收入,即工资、利润、利息和地租的总和。

个人收入(Personal Income,简称 PI)是指一个国家一年内个人所得到的全部收入。

个人可支配收入(Personal Disposable Income,简称 PDI)是指一个国家一年内个人可以支配的全部收入。

国民收入核算中这五种总量的关系是:

GDP − 折旧 = NDP

NDP − 间接税[①] = NI

NI − 公司未分配利润 − 企业所得税 + 政府给居民户的转移支付 + 政府向居民户支付的利息 = PI

PI − 个人所得税 = PDI = 消费 + 储蓄

从支出法与收入法所得出的国内生产总值的一致性,还可以说明国民经济中的一个基本平衡关系。总支出代表了社会对最终产品的总需求,而总收入代表了社会对最终产品的总供给。因此,从国内生产总值的核算方法中可以看出这样一个恒等式:

$$总需求 \equiv 总供给$$

在国民收入核算中,这种恒等式是一种事后的恒等关系,即在一年的生产与消费之后,从国民收入核算表中所反映出的恒等关系。这种恒等关系,也是国民收入决定理论的出发点。在国民收入决定理论中,我们将详细分析总需求与总供给的这种关系。

---

① 间接税是指税收负担不由纳税者本人承担的税,即这种税收的负担可以转嫁出去。例如,对商品征收的货物税由生产厂商支付,但厂商可以把税收加入成本中,通过提高价格转嫁给消费者。营业税、关税等都属于间接税。

四、其他宏观经济指标

除了最重要的 GDP 之外,衡量宏观经济状况还有其他指标,主要是物价指数与失业率。

1. 物价指数

物价指数是衡量物价总水平的指数,即说明从一个时期到下一时期的物价变动状况,包括消费者物价指数(CPI)、生产者物价指数(PPI)和国内生产总值平减指数。

2. 失业率

失业率是表示一国失业程度的指数。失业是指一定年龄范围内能够工作、愿意工作,又正在找工作,但仍然没有工作的人。失业率的计算方法是:

$$失业率 = \frac{失业人数}{劳动力} = \frac{失业人数}{就业人数 + 失业人数}$$

第二节 总需求—总供给模型

当总需求等于总供给时的国民收入被称为均衡的国民收入。由此看出,国民收入的水平是由总需求与总供给共同决定的。在这一节中介绍说明国民收入决定的总需求—总供给模型。

一、总需求曲线

1. 总需求的构成

总需求是整个社会对产品与劳务需求的总和。如上所述,在现实的经济中,总需求包括消费、投资、政府支出与净出口四个部分。在分析总需求对国民收入水平的决定时,我们对总需求的这四个组成部分还要作进一步的分析。

消费是指居民户对产品与劳务的需求或支出,包括耐用消费品支出、非耐用消费品支出、住房租金,以及对其他劳务的支出。根据西方经济学家对长期消费统计资料的分析,在总需求中消费的需求是相当稳定的。

投资是指厂商对投资品的需求或支出,包括企业固定投资(用于厂房、设备等固定资产的投资)、存货投资(用于原材料、半成品及未销售的成品的投资),以及居民住房投资。投资在经济中波动相当大。

政府支出是指政府对各种产品与劳务的需求,或者说政府购买产品与劳务的支出。随着国家对经济生活干预的加强,总需求中政府支出的比例也一直在提高。

出口在分析国民收入的决定时是指净出口,即出口与进口之差。

以 AD 代表总需求,C 代表消费,I 代表投资,G 代表政府支出,NX 代表净出口,则总需求为:

$$AD = C + I + G + NX$$

2. 消费函数与储蓄函数

消费函数表示消费与收入之间的依存关系。在其他条件不变的情况下,消费随收入的变动而呈同方向变动,即收入增加时消费增加,收入减少时消费减少。如果以 C 代表消费,Y 代表收入,则消费函数就是:

$$C = f(Y)$$

消费与收入之间的关系,可以用平均消费倾向和边际消费倾向来说明。平均消费倾向是指消费在收入中所占的比例。如果以 APC 代表平均消费倾向,则是:

$$APC = \frac{C}{Y}$$

边际消费倾向是指增加的消费在增加的收入中所占的比例。如果以 MPC 代表边际消费倾向,以 ΔC 代表增加的消费,以 ΔY 代表增加的收入,则是:

$$MPC = \frac{\Delta C}{\Delta Y}$$

储蓄函数表示储蓄与收入之间的依存关系。在其他条件不变的情况下,储蓄随收入的变动而同方向变动,即收入增加时储蓄增加,收入减少时储蓄减少。如果以 S 代表储蓄,则储蓄函数就是:

$$S = f(Y)$$

储蓄与收入之间的关系,可以用平均储蓄倾向和边际储蓄倾向来说明。平均储蓄

倾向是指储蓄在收入中所占的比例。如果以 APS 代表平均储蓄倾向,则是:

$$APS = \frac{S}{Y}$$

边际储蓄倾向是指增加的储蓄在增加的收入中所占的比例。如果以 MPS 代表边际储蓄倾向,以 ΔS 代表增加的储蓄,以 ΔY 代表增加的收入,则是:

$$MPS = \frac{\Delta S}{\Delta Y}$$

全部的收入可以分为消费与储蓄,所以:

$$APC + APS = 1$$

同样,全部增加的收入可以分为增加的消费与增加的储蓄,所以:

$$MPC + MPS = 1$$

3. 总需求曲线

总需求曲线是表明总需求与物价水平之间关系的一条曲线,如图 7-1 所示。

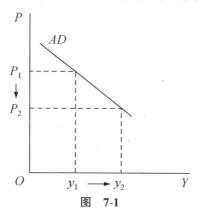

图 7-1

总需求曲线(AD)向右下方倾斜表明总需求与物价水平呈反方向变动关系。在图 7-1 中,物价水平由 P_1 下降为 P_2,总需求由 y_1 增加至 y_2。

总需求与物价水平呈反方向变动的原因是财富效应、利率效应与汇率效应。财富效应指物价水平通过对实际财富的影响而影响消费。物价上升,实际财富减少,从而消费减少;反之亦然。利率效应指物价水平通过对利率的影响而影响投资。物价上升,实际货币量减少,从而利率上升,抑制了投资;反之亦然。汇率效应指物价水平通过对汇率的影响而影响净出口。物价上升,利率上升,从而汇率上升,减少了出口;反之亦然。这三种效应说明当物价上升时,消费投资和出口减少,从而总需求减少;反之亦然。

其他因素引起的总需求变动可以用总需求曲线的移动来表示，如图 7-2 所示。例如，收入增加引起消费增加、政府投资增加，等等。

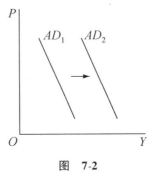

图 7-2

在图 7-2 中，消费增加或投资增加引起总需求增加，用 AD_1 移动到 AD_2 来表示。

二、总供给曲线

总供给曲线是表明总供给与物价水平之间关系的一条曲线。

总供给曲线分为长期总供给曲线（LAS）与短期总供给曲线（SAS）。长期总供给曲线与物价水平无关，无论物价水平如何变动，总供给不变，如图 7-3 所示。

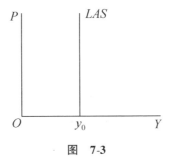

图 7-3

总供给曲线为一条垂线，表示无论物价水平如何变动，总供给都为 y_0，y_0 是由资源与技术水平决定的。当资源增加或技术进步时，长期总供给曲线平行向右移动。

短期总供给曲线如图 7-4 所示。

短期总供给曲线分为两部分：一部分为向右上方倾斜的线，表明总供给与物价水平呈同方向变动，即总供给增加，物价上升；另一部分为一条垂线，表明当长期供给增加到 y_0 时，由于资源限制，无论物价如何上升，总供给都不能增加。

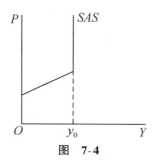

图 7-4

短期曲线的变动不宜用该曲线的平行移动来表示。如果资源增加或技术进步引起总供给增加,则如图 7-5 所示。

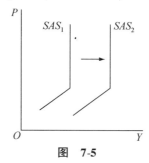

图 7-5

在图 7-5 中,短期总供给曲线向右方移动,即从 SAS_1 移动到 SAS_2,表明总供给增加了。

三、总需求—总供给模型

这一模型是把总需求曲线与总供给曲线结合在一起来说明其对国民收入与价格水平的影响。可以用图 7-6 来说明总需求—总供给模型。

在图 7-6 中,总需求曲线 AD 与短期总供给曲线 SAS 相交于 E,这时就决定了均衡的国民收入水平为 Y_0,均衡的价格水平为 P_0。

在总需求—总供给模型中,我们先假定总供给不变,分析总需求变动对国民收入与价格水平的影响。

总需求可能由于消费者收入变动或消费变动而引起变动,也可能由于政府投资或出口变动而引起变动,这些变动会如何影响国民收入和均衡价格变动呢?我们用图 7-7 来说明这一点。

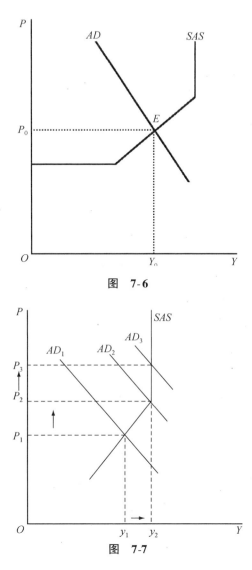

图 7-6

图 7-7

在图 7-7 中，当总需求曲线为 AD_1 时，其与 SAS 相交决定了均衡价格为 P_1、均衡的国民收入为 y_1。当总需求增加时，总需求曲线由 AD_1 向右移动到 AD_2。这时 AD_2 与不变的供给曲线 SAS 相交决定了均衡价格为 P_2、均衡的国民收入为 y_2。这说明总需求增加，均衡的国民收入增加，均衡价格上升。同理可以推出，当总需求减少时，均衡的国民收入减少，均衡价格下降。

理解总需求变动对国民收入和价格的影响要注意两个问题：

第一，总需求增加对国民收入的影响有乘数效应。乘数指总需求增加所引起的国民收入增加的倍数，即国民收入增加量与引起这种增加的总需求增加量之间的比率。如果以 K 代表乘数，ΔAD 代表总需求增加量，ΔY 代表国民收入增加量，则乘数的公式为：

$$K = \frac{\Delta Y}{\Delta AD}$$

乘数 K 通常大于 1,因为总需求增加后引起的国民收入的增加,还会引起消费增加,从而又引起国民收入增加。这就是说,当总需求增加时会引起国民收入与总需求增加的连锁反应,从而最后总需求的增加会大于最初总需求的增加。乘数的大小取决于增加的国民收入中有多少用于消费,即边际消费倾向,其公式可以写为:

$$K = \frac{1}{1 - MPC}$$

当资源没有得到充分利用时,就有这种乘数效应。

第二,在资源未得到充分利用时,总需求增加会引起国民收入增加,但当资源得到充分利用时,总需求增加只会引起物价上升而不会引起国民收入增加。在图 7-8 中,当总需求曲线为 AD 时,国民收入 y_0 实现了充分就业。这时再增加总需求到 AD_1,就只会引起物价水平从 P_0 上升为 P_1 而国民收入仍然是 y_0。

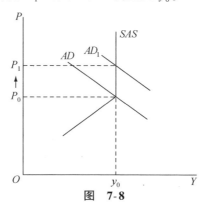

图 7-8

可以用图 7-9 来说明总供给增加对国民收入和物价水平的影响。

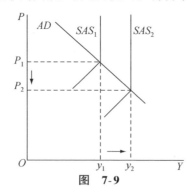

图 7-9

当总供给曲线为 SAS_1 时,总需求曲线 AD 与短期总供给曲线 SAS 相交,决定了国民收入为 y_1,物价水平为 P_1。当总供给增加,短期总供给曲线由 SAS_1 移动到 SAS_2 时,总需求曲线 AD 与 SAS_2 相交,决定了国民收入增加到 y_2,而物价水平下降为 P_2。

第八章 失业与通货膨胀理论

失业与通货膨胀是当代各国经济中存在的主要问题。以美国为例,战后失业率与通货膨胀率一直是上升的。20世纪50年代,失业率平均为4.9%,通货膨胀率平均为1.4%;60年代,失业率平均为4.7%,通货膨胀率平均为2.6%;70年代,失业率平均为6.4%,通货膨胀率平均为8%。尤其是70年代初,出现了高失业率与高通货膨胀率并存的"滞胀"局面,失业率与通货膨胀率都高达百分之十几以上。进入80年代后,通货膨胀率与失业率都有所下降,但并没有得到根本解决。自从2007年金融危机之后,尽管通货膨胀率不高,但失业率在10%以上。其他西方各国,也不同程度地存在失业与通货膨胀问题。因此,失业与通货膨胀就成为宏观经济学研究的主要问题。

失业与通货膨胀理论是运用国民收入决定理论,分析失业与通货膨胀的原因及其相互关系,从而为解决这些问题、制定有关的政策提供一个理论基础。

第一节 失业理论

一、充分就业的含义

充分就业的意思并非是人人都有工作。失业可以分为由于需求不足而造成的周期性失业,以及由于经济中某些难以克服的原因而造成的自然失业,消灭了周期性失业时的就业状态就是充分就业。充分就业与自然失业同时存在并不矛盾。实现了充分就业时的失业率被称为自然失业率,或长期均衡的失业率。

充分就业时仍然有一定的失业,这是因为,经济中有些造成失业的原因(如劳动力的流动等)是难以克服的,劳动力市场总不是十分完善的。这种失业的存在不仅是必然的,而且是必要的。因为这种失业的存在,能作为劳动后备军随时满足经济对劳动的需求,能作为一种对就业者的"威胁"而迫使就业者提高生产效率。此外,各种福利支出(失业补助、贫困补助等)的存在,也使得这一定的失业水平的存在不会成为影响社会安定的因素,是社会可以接受的。

自然失业率的高低,取决于劳动力市场的完善程度、经济状况等各种因素。自然失业率由各国政府根据实际情况确定。各国在各个时期所确定的自然失业率都不同。

从战后的情况看,自然失业率有不断上升的趋势。以美国为例,20 世纪 50—60 年代的自然失业率为 3.5%—4.5%,即有 95.5%—96.5% 的人就业就是实现了充分就业;70 年代的自然失业率为 4.5%—5.5%,即有 94.5%—95.5% 的人就业就是实现了充分就业;80 年代的自然失业率为 5.5%—6.5%,即有 93.5%—94.5% 的人就业就是实现了充分就业;21 世纪之后失业率仍有上升的趋势。

二、失业的分类与原因

如上所述,失业可以分为周期性失业与自然失业。造成这两种失业的原因是不同的。

1. 周期性失业

就业水平取决于国民收入水平,而国民收入水平又取决于总需求。周期性失业是由于总需求不足而引起的短期失业。它一般出现在经济周期的萧条阶段,故称周期性失业。

可以用紧缩性缺口来说明这种失业产生的原因。紧缩性缺口是指实际总需求小于充分就业的总需求时,实际总需求与充分就业总需求之间的差额。可用图 8-1 来说明紧缩性缺口与周期性失业的关系。

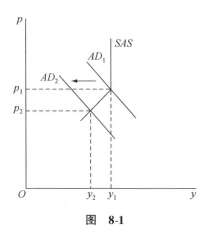

图 8-1

在图 8-1 中,当总需求曲线 AD_1 与短期总供给曲线 SAS 相交时,决定了国民收入为 y_1,这时实现了充分就业,y_1 即为充分就业的国民收入。

如果实际总需求 AD_2 小于充分就业所要求的总需求 AD_1,这时国民收入 y_2 就小于充分就业的国民收入 y_1,这时由于总需求不足就会引起失业。这种失业就是需求不足的失业。而充分就业要求的总需求 y_1 与实际总需求 y_2 的差额就被称为紧缩性缺口。

2. 自然失业

引起自然失业的原因是多种多样的。按引起失业的原因来划分,可分为这样一些类型:

(1) 摩擦性失业

它是由于经济中正常的劳动力流动而引起的失业。在一个动态经济中,各行业、各部门与各地区间劳动需求的变动是经常发生的。这种变动必然导致劳动力的流动,由于劳动力市场的信息不对称,需要用人的企业不知道它们需要的工人在哪里,失业工人也不知道有哪些企业需要他们,因而在劳动力的流动中总有部分工人处于失业状态,这就形成了摩擦性失业,也被称为"寻找性失业"。经济中劳动力的流动是正常的,所以,这种失业的存在也是正常的。

一般还把新加入劳动力队伍、正在寻找工作而造成的失业,也归入这种失业的范围之内。

(2) 结构性失业

它是由于劳动力市场结构的特点,劳动力的流动不能适应劳动力需求变动所引起的失业。经济结构的变动(例如有些部门发展迅速,而有些部门正在收缩;有些地区正在开发,而有些地区已经衰落)要求劳动力的流动能迅速适应这些变动。而劳动力的市场结构又分为性别结构、技术结构与地区结构。这就形成市场有劳动需求,但由于劳动所需要的工人与失业工人的性别、技术特长或所在地区不同,而引起失业。比如,市场需要的工人是男工,而失业的是女工;市场需要的是电脑程序员,而失业的是司机;市场需要的是住在广东的人,而失业的是住在黑龙江的人。这时,这些不适应市场需求的失业人员就无法就业。由于劳动力有其短时间难以改变的性别结构、技术结构和地区结构,很难适应经济结构的这种变动,从而就会出现失业。在这种情况下,往往是"失业与空位"并存,即一方面存在着有工作无人做的"空位",另一方面存在着有人无工作的"失业"。这种失业的根源在于劳动力市场的结构特点。

(3) 政策性失业

现代社会有较为完善的社会福利制度,这种社会福利制度有助于社会稳定,但也会引起人们懒惰。比如,失业工人可以获得失业津贴,靠这种失业津贴,就可以在一段时期内维持生活,而不必在失业后急着去找工作,这就使得他在这一时期处于失业状态。失业津贴不可没有,但这种福利政策的存在也引起了失业,这就是政策性失业。

除了上述两大类失业之外,经济中往往还存在另一种失业:隐蔽性失业。

隐蔽性失业是指表面上有工作,实际上对生产并没有作出贡献的人,即有"职"无"工"的人。当经济中减少就业人员而产量仍没有下降时,就存在着隐蔽性失业。例如,一个经济中有 3 000 万工人,如果减少 600 万工人而国民生产总值并不减少,则经济中存在着 20% 的隐蔽性失业。这种失业在发展中国家存在较多。著名发展经济学家阿瑟·刘易斯曾指出,发展中国家的农业部门存在着严重的隐蔽性失业。

三、失业的损失

对于个人来说,如果是自愿失业,则会给他带来闲暇的享受。但如果是非自愿失业,则会使他的收入减少,从而导致生活水平下降。

对社会来说,失业增加了社会福利支出,造成财政困难,同时,失业率过高又会影响社会的安定,带来其他社会问题。从整个经济来看,失业在经济上最大的损失就是实际国民收入的减少。美国经济学家 A. 奥肯在 20 世纪 60 年代所提出的奥肯定理,正是要说明失业率与实际国民收入增长率之间关系的经验统计规律。这一规律表明,失业率每增加 1%,则实际国民收入减少 2.5%;反之,失业率每减少 1%,则实际国民收入增加 2.5%。

在理解这一规律时应该注意:第一,它表明了失业率与实际国民收入增长率之间是反方向变动的关系。第二,失业率与实际国民收入增长率之间 1∶2.5 的关系只是一个平均数,是根据经验统计资料得出来的,在不同的时期并不完全相同。在 20 世纪 60 年代,这一比率是 1∶3;在 70 年代,这一比率是 1∶2.5—1∶2.7;在 80 年代,这一比率是 1∶2.5—1∶2.9。第三,奥肯定理主要适用于没有实现充分就业的情况,即失业率是周期性失业的失业率。在实现了充分就业的情况下,自然失业率与实际国民收入增长率的这一关系就要弱得多,一般估算为 1∶0.76 左右。

第二节 通货膨胀理论

通货膨胀是一种世界性现象。不同的国家,在不同的时期里都出现过不同程度的通货膨胀。

一、通货膨胀的基本知识

1. 通货膨胀的定义

西方经济学界对通货膨胀的解释并不完全一致,一般所接受的是这样的定义:通货膨胀是物价水平普遍而持续的上升。例如,弗里德曼说:"物价普遍的上涨就叫做通货膨胀。"萨缪尔森则说:"通货膨胀的意思是,物品和生产要素的价格普遍上升的时期——面包、汽车、理发的价格上升,工资、租金等也都上升。"在理解通货膨胀时应注意:第一,物价的上升不是指一种或几种商品的物价上升,而是指物价水平的普遍上升,即物价总水平的上升。第二,物价的上升不是指物价水平一时的上升,而是指持续一定时期的物价上升。

2. 通货膨胀的分类

按通货膨胀的严重程度与特征,一般把通货膨胀分为以下几类:

第一,爬行的通货膨胀,又称温和的通货膨胀,其特点是通货膨胀率低,而且比较稳定。

第二,加速的通货膨胀,又称奔驰的通货膨胀,其特点是通货膨胀率较高(一般在两位数以上),而且还在加剧。

第三,超速通货膨胀,又称恶性通货膨胀,其特点是通货膨胀率非常高,按照经济学家所采用的标准,每月的通胀率应在 50% 以上,而且完全失去了控制。这种通货膨胀会导致金融体系和经济崩溃,甚至于政权的更迭。例如,第一次世界大战后德国的通货膨胀与国民党政府垮台前旧中国的通货膨胀就属于这种超速通货膨胀。

第四,受抑制的通货膨胀,又称隐蔽的通货膨胀。这种通货膨胀是指经济中存在着通货膨胀的压力,但由于政府实施了严格的价格管制与配给制,通货膨胀并没有发生。一旦解除价格管制并取消配给制,就会发生较严重的通货膨胀。计划经济国家曾实行严格的物价管制,表面上物价稳定,实际上存在隐蔽的通货膨胀。

二、通货膨胀的原因

不同的经济学家从不同的角度来分析通货膨胀的原因,从而就形成了不同的通货膨胀理论。

1. 需求拉动的通货膨胀

这是从总需求的角度来分析通货膨胀的原因。该理论认为通货膨胀的原因在于总需求过度增长、总供给不足,即"太多的货币追逐较少的货物",或者是"因为物品与劳务的需求超过按现行价格可得到的供给,所以一般物价水平便上涨"。这种通货膨胀的原因可以用图8-2来说明。当总需求曲线 AD_1 与短期总供给曲线 SAS 相交时决定了国民收入为 y_1,物价水平为 p_1。这表示在 y_1 时已实现了充分就业。这时如果总需求从 AD_1 增加到 AD_2,由于已经实现充分就业,国民收入无法增加,但物价水平由 p_1 上升为 p_2,这就是通货膨胀。这种通货膨胀是由于总需求大于总供给引起的。膨胀性缺口指实际总需求(AD_2)大于实现充分就业的总需求(AD_1)的差额。正是这种膨胀性缺口的存在引起需求拉动的通货膨胀。

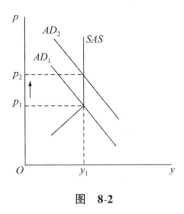

图 8-2

2. 成本推动的通货膨胀

这是从总供给的角度来分析通货膨胀的原因。供给就是生产,根据生产函数,生产取决于成本。因此,从总供给的角度看,引起通货膨胀的原因在于成本的增加。成本的增加意味着只有在高于从前的价格水平时,才能达到与以前同样的产量水平,即总供给曲线向左上方移动。在总需求不变的情况下,总供给曲线向左上方移动使国民收入减少,价格水平上升,这种价格上升就是成本推动的通货膨胀。可用图8-3来说明这种情况。

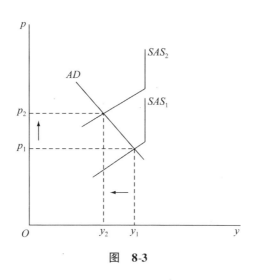

图 8-3

图8-3中,原来的总供给曲线 SAS_1 与总需求曲线 AD 决定了国民收入为 y_1,价格水平为 p_1。成本增加,总供给曲线向左上方移动到 SAS_2,这时总需求曲线没变,决定了国民收入为 y_2,价格水平为 p_2。价格水平由 p_1 上升到 p_2 是由于成本的增加所引起的,这就是成本推动的通货膨胀。在发生这种通货膨胀时,国民收入反而从 y_1 减少到 y_2。这种物价上升而国民收入减少的情况被称为"滞胀",既有经济停滞、国民收入减少、失业增加,又有通货膨胀。

引起成本增加的原因并不相同,因此,成本推动的通货膨胀又可以根据其原因的不同而分为以下几种:

(1) 工资成本推动的通货膨胀。工资是成本中的主要部分。工资的提高会使生产成本增加,从而价格水平上升。在劳动力市场存在工会卖方垄断的情况下,工会利用其垄断地位要求提高工资,雇主迫于压力提高了工资之后,就把提高的工资加入成本,提高产品的价格,从而引起通货膨胀。

工资的增加往往是从个别部门开始的,但由于各部门之间工资的攀比行为,个别部门工资的增加往往会导致整个社会的工资水平上升,从而引起普遍的通货膨胀。而且,这种通货膨胀一旦开始,还会形成"工资—物价螺旋式上升",即工资上升引起物价上升,物价上升又引起工资上升。这样,工资与物价不断互相推动,形成严重的通货膨胀。

(2) 利润推动的通货膨胀。又称价格推动的通货膨胀,指垄断厂商为了增加利润而提高价格所引起的通货膨胀。在不完全竞争的市场上，具有垄断地位的厂商控制了产品的销售价格，从而就可以提高价格以增加利润。通货膨胀是由于利润的推动而产生的。尤其是在工资增加时，垄断厂商以工资的增加为借口，更大幅度地提高物价，使物价的上升幅度大于工资的上升幅度，其差额就是利润的增加。这种利润的增加使物价上升，形成通货膨胀。

西方经济学家认为，工资推动和利润推动实际上都是操纵价格的上升，其根源在于经济中的垄断，即工会的垄断形成工资推动，厂商的垄断引起利润推动。

（3）进口成本推动的通货膨胀。它是由于进口的原材料价格上升而引起的通货膨胀。在这种情况下，一国的通货膨胀会通过国际贸易渠道而影响到其他国家。例如20世纪70年代初，西方国家通货膨胀严重的重要原因之一就是世界市场石油价格的大幅度上升。

3. 供求混合推进的通货膨胀

把总需求与总供给结合起来分析，许多西方经济学家认为，通货膨胀的根源不是单一的总需求或总供给，而是这两者共同作用的结果。如果通货膨胀是由需求拉动引起的，即过度需求的存在引起物价上升，而这种物价上升又会使工资增加，从而供给成本的增加又引起了成本推动的通货膨胀。如果通货膨胀是由成本推动引起的，即成本增加引起物价上升，而这时如果没有总需求的相应增加，工资上升最终会减少生产、增加失业，从而使成本推动引起的通货膨胀停止。只有在成本推动的同时，又有总需求的增加，这种通货膨胀才能持续下去。

4. 结构性通货膨胀

这是由于经济结构的特点所引起的通货膨胀。经济中可以分为扩展部门与非扩展部门。扩展部门正在扩大，需要更多的资源与人力，而非扩展部门已在收缩，资源与人力过剩。如果资源与人力能迅速地由非扩展部门流动到扩展部门，则这种结构性通货膨胀就不会发生。但在现实中，由于种种限制，非扩展部门的资源与人力不能迅速地流动到扩展部门。这样，扩展部门由于资源与人力短缺，资源价格上升，工资上升。而非扩展部门尽管资源与人力过剩，但资源价格并不会下降，尤其是工资不仅不会下降，还会由于攀比行为而上升。这样，就会由于扩展部门的总需求过度和这两个部门的成本增加，尤其是工资成本的增加而产生通货膨胀。

此外，各经济部门的劳动生产率不同（例如，工业部门劳动生产率高，服务部门劳动生产率低),而各部门的工资水平由于攀比行为而向高工资水平看齐,也会使整个社会的工资增长率超过劳动生产率而引起通货膨胀。这种通货膨胀也是结构性通货膨胀。

5. 货币数量与通货膨胀

货币主义者认为,以上原因都会引起局部暂时的物价上升,但不足以引起普遍而持续的通货膨胀。通货膨胀的唯一根源只能是货币供给量过多。所以说,通货膨胀无论在何时何地,都是一种货币现象。

这种理论认为,通货膨胀总是伴随着货币供给量的增加。当货币供给量明显增加,而且其增加速度超过产量的增加速度时,通货膨胀就发生了。根据弗里德曼对1964—1977年间美国、日本、英国和德国的逐年平均单位产量的货币量和消费物价的对比研究,货币增长率变动和通货膨胀率变动的总趋势完全一致。而且,货币增长率的变动总是先于消费物价的变动,即总是货币增长在先,通货膨胀在后。这就说明了货币增长是因,通货膨胀是果。因此得出的结论就是:通货膨胀是一种货币现象,是由于货币量比产量增加得更快而造成的。其他许多因素也可以使通货膨胀率发生暂时的变动,但只有当它们影响到货币增长率时,才会对通货膨胀率产生持久的影响。

6. 预期的通货膨胀

这种理论是要解释通货膨胀持续的原因。根据这种理论,无论是什么原因引起了通货膨胀,即使最初引起通货膨胀的原因消除了,它也会由于人们的预期而持续,甚至加剧。

预期对人们的经济行为有重要的影响,而预期往往又是根据过去的经验形成的。在产生了通货膨胀的情况下,人们要根据过去的通货膨胀率来预期未来的通货膨胀率,并把这种预期作为指导未来经济行为的依据。例如,上一年的通货膨胀率是10%,人们据此预期下一年的通货膨胀率也不会低于10%。这样,他们就要以此作为进行下一年工资谈判的基础,即要求下一年的货币工资增长率最低为10%。如果下一年的货币工资增长率为10%,那么就会使得下一年的通货膨胀率最低也会由于工资的增加而保持10%的水平。于是,由于预期的关系,即使引起上一年通货膨胀率为10%的原因消失了,下一年的通货膨胀率也会是10%。

7. 惯性通货膨胀

这种理论也是要解释通货膨胀持续的原因,但它所强调的不是预期,而是通货膨胀本身的惯性。

根据这种理论,无论是什么原因引起了通货膨胀,即使最初引起通货膨胀的原因消失了,通货膨胀也会由于其本身的惯性而持续下去。这是因为,工人与企业所关心的是相对工资与相对价格水平。在他们决定自己的工资与价格时,他们要参照其他人的工资与价格水平。如果其他人的工资与价格由于通货膨胀的原因上升了 10%,那么,他们在决定自己的工资与价格时,也要以这 10% 的通货膨胀率为基础。所有工人与企业的工资与价格的决定都要互相参照。这样,通货膨胀就会由于这种惯性而持续下去,因为谁也不会首先降低自己的工资与物价水平。只有在经济严重衰退时,才会由于工资与物价的被迫下降而使通货膨胀中止。

预期的通货膨胀与惯性通货膨胀是很相近的。前者由货币主义者提出,强调了现在对未来的影响,即现在的通货膨胀对未来预期及经济行为的影响。后者由凯恩斯主义者提出,强调了过去对现在的影响,即过去的通货膨胀作为一种惯性,对现在经济行为的影响。这两种理论从不同的角度解释了通货膨胀持续的原因。

以上介绍了不同的通货膨胀理论,应该说,这些理论都从不同的角度解释了通货膨胀的原因,都有一定的道理,也有各自的证据。通货膨胀往往是各种因素共同作用所引起的,有时某一种因素也许会更加重要,但要具体确定各种因素在引起通货膨胀时的重要程度,却是十分困难的。从这种意义上说,各种通货膨胀理论是相互补充的,而不是相互排斥的。这也是许多经济学家一致的看法。此外,还应指出的是,这些理论描述现象多,而从经济内在根源上分析得少。正因为如此,人们对以上各种解释并不十分满意。探讨更根本的通货膨胀的原因,仍然是经济学家的重要任务之一。

三、通货膨胀对经济的影响

不同的通货膨胀对经济的影响不同。温和的通货膨胀,对经济没有什么重要影响。有的经济学家认为这种通货膨胀会使经济运行更良好,因此称之为经济的"润滑剂"。超速通货膨胀会使一国经济,甚至政府崩溃。分析的重点是加速的通货膨胀。加速的通货膨胀不能完全预期,从而通货膨胀将影响收入分配及经济活动。因为这时无法准确地根据通货膨胀率来调整各种名义变量,以及相应的经济行为。可以从以下三个方面来分析这一问题：

第一，在债务人与债权人之间，通货膨胀将有利于债务人而不利于债权人。这是因为，债务契约根据签约时的通货膨胀率来确定名义利息率。当发生了未预期到的通货膨胀之后，债务契约无法更改，从而就使实际利息率下降，债务人受益，而债权人受损。这样，就会对贷款，特别是长期贷款带来不利的影响，使债权人不愿意发放贷款。贷款的减少会影响投资，使投资减少。这种不可预期的通货膨胀对住房建设贷款这类长期贷款最不利，从而也就会减少住房投资这类长期投资。

第二，在雇主与工人之间，通货膨胀将有利于雇主而不利于工人。这是因为，在不可预期的通货膨胀之下，工资不能迅速地根据通货膨胀率来调整，从而就在名义工资不变或略有增长的情况下使实际工资下降。实际工资的下降就会使利润增加，而利润的增加是有利于刺激投资的。这正是一些经济学家主张以通货膨胀来刺激经济发展的理由。

第三，在政府与公众之间，通货膨胀将有利于政府而不利于公众。这是因为，在不可预期的通货膨胀之下，名义工资总会有所增加（尽管并不一定能保持原有的实际工资水平），随着名义工资的提高，达到纳税起征点的人增加了，还有许多人进入了更高的税率等级，这样，政府的税收增加，而公众的纳税数额增加，实际收入减少。政府由这种通货膨胀中所得到的税收被称为"通货膨胀税"。这实际上是政府对公众财产的掠夺。这种通货膨胀税的存在，不利于储蓄的增加，也影响了私人与企业投资的积极性。

经济学家普遍认为加速的通货膨胀不利于整个经济，因此，维持物价稳定就是任何一国政府的重要任务之一。

第三节　失业与通货膨胀的关系

对于通货膨胀与失业的关系，不同的经济学家有不同的解释。

一、凯恩斯的观点：失业与通货膨胀不会并存

凯恩斯认为，在未实现充分就业，即资源闲置的情况下，总需求的增加只会使国民收入增加，而不会引起价格水平上升。这就是说，在未实现充分就业的情况下，不会发生通货膨胀。在充分就业实现，即资源得到充分利用之后，总需求的增加无法使国民

收入增加,而只会引起价格上升。这就是说,在发生了通货膨胀时,一定已经实现了充分就业。这种通货膨胀是由于总需求过度而引起的,即需求拉动的通货膨胀。

凯恩斯对失业与通货膨胀关系的这种论述,适用于20世纪30年代大萧条时的情况,但并不符合战后各国的实际情况。这样,经济学家就试图对这一关系作出新的解释。

二、菲利普斯曲线:失业与通货膨胀之间的交替关系

菲利普斯曲线是用来表示失业与通货膨胀之间交替关系的曲线,由在英国工作的新西兰经济学家W.菲利普斯提出。

1958年,菲利普斯根据英国1861—1957年间失业率和货币工资变动率的经验统计资料,提出了一条用以表示失业率和货币工资变动率之间交替关系的曲线。这条曲线表明:当失业率较低时,货币工资增长率较高;反之,当失业率较高时,货币工资增长率较低,甚至是负数。根据成本推动的通货膨胀理论,货币工资增长率可以表示通货膨胀率。因此,这条曲线就可以表示失业率与通货膨胀率之间的交替关系,即失业率高,则通货膨胀率低;失业率低,则通货膨胀率高。这就是说,失业率高表明经济处于萧条阶段,这时工资与物价水平都较低,从而通货膨胀率也就低;反之,失业率低表明经济处于繁荣阶段,这时工资与物价水平都较高,从而通货膨胀率也就高。失业率与通货膨胀率之间存在反方向变动关系,是因为通货膨胀使实际工资下降,从而能刺激生产,增加对劳动的需求,减少失业。可用图8-4来说明菲利普斯曲线。

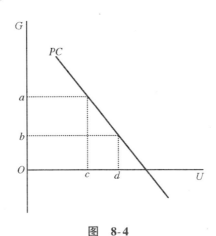

图 8-4

图8-4中,横轴(U)代表失业率,纵轴(G)代表通货膨胀率,向右下方倾斜的曲线

PC 即为菲利普斯曲线。这条曲线表明,当失业率高(d 点)时,通货膨胀率低(b 点);当失业率低(c 点)时,通货膨胀率高(a 点)。

菲利普斯曲线所反映的失业与通货膨胀之间的交替关系,基本符合20世纪50—60年代西方国家的实际情况。进入70年代之后,由于滞胀的出现,失业与通货膨胀之间又不存在这种交替关系了。

三、短期菲利普斯曲线与长期菲利普斯曲线:货币主义与理性预期学派的观点

货币主义者在解释菲利普斯曲线时引入了预期的因素。他们所用的预期概念是适应性预期,即人们根据过去的经验来形成并调整对未来的预期。他们根据适应性预期,把菲利普斯曲线分为短期菲利普斯曲线与长期菲利普斯曲线。

在短期中,工人来不及调整通货膨胀预期,预期的通货膨胀率可能低于以后实际发生的通货膨胀率。这样,工人所得到的实际工资可能小于先前预期的实际工资,从而使实际利润增加,刺激了投资,就业增加,失业率下降。在这一前提之下,通货膨胀率与失业率之间存在交替关系。短期菲利普斯曲线正是表明在预期的通货膨胀率低于实际发生的通货膨胀率的短期中,失业率与通货膨胀率之间存在交替关系的曲线。所以,向右下方倾斜的菲利普斯曲线在短期内是可以成立的。这也说明,在短期中引起通货膨胀率上升的扩张性财政政策与货币政策是可以起到减少失业的作用的。这就是宏观经济政策的短期有效性。

但是,在长期中,工人将根据实际发生的情况不断调整自己的预期。工人预期的通货膨胀率与实际发生的通货膨胀率迟早会一致。这时,工人会要求增加名义工资,使实际工资不变,从而通货膨胀就不会起到减少失业的作用。这时菲利普斯曲线是一条垂线,表明失业率与通货膨胀率之间不存在交替关系。而且,在长期中,经济中能实现充分就业,失业率是自然失业率。因此,垂直的菲利普斯曲线表明无论通货膨胀率如何变动,失业率总是固定在自然失业率的水平上。以引起通货膨胀为代价的扩张性财政政策与货币政策并不能减少失业。这就是宏观经济政策的长期无效性。

短期菲利普斯曲线与长期菲利普斯曲线如图8-5所示。

在图8-5中,SPC_1 和 SPC_2 为不同的短期菲利普斯曲线,LPC 为长期菲利普斯曲线。短期菲利普斯曲线向右下方向倾斜,表明失业率与通货膨胀率之间存在交替关系。长期菲利普斯曲线是一条从自然失业率($\overline{U}$)出发的垂线,说明长期中失业率是自然失业率,失业率与通货膨胀率之间不存在交替关系。

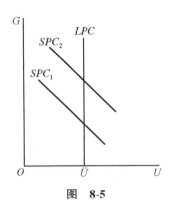

图 8-5

　　理性预期学派所采用的预期概念不是适应性预期，而是理性预期。理性预期是合乎理性的预期，其特征是预期值与以后发生的实际值是一致的。在这种预期的假设之下，短期中也不可能有预期的通货膨胀率低于以后实际发生的通货膨胀率的情况，即无论在短期或长期中，预期的通货膨胀率与实际发生的通货膨胀率总是一致的，从而也就无法以通货膨胀为代价来降低失业率。所以，无论在短期或长期中，菲利普斯曲线都是一条从自然失业率出发的垂线，即失业率与通货膨胀率之间不存在交替关系。由此得出的推论就是：无论在短期还是长期中，宏观经济政策都是无效的。

　　失业与通货膨胀关系理论的发展，是对西方国家经济现实的反映。凯恩斯的论述反映了20世纪30年代大萧条时的情况，菲利普斯曲线反映了50—60年代的情况，而货币主义和理性预期学派的论述，反映了70年代以后的情况。凯恩斯主义、货币主义与理性预期学派，围绕菲利普斯曲线的争论，表明了他们对宏观经济政策的不同态度。凯恩斯主义者认为，无论在短期与长期中，失业率与通货膨胀率都存在交替关系，从而认为宏观经济政策在短期与长期中都是有效的。货币主义者认为，短期中失业率与通货膨胀率存在交替关系，而长期中不存在这种关系，从而认为宏观经济政策只在短期中有效，而在长期中无效。理性预期学派认为，无论在短期或长期中，失业率与通货膨胀率都没有交替关系，因此，宏观经济政策是无效的。

　　现在绝大多数经济学家接受的观点是短期中存在失业与通货膨胀交替，而长期中不存在这种关系。

第九章 经济周期与经济增长理论

1825 年,英国爆发了资本主义历史上的第一次生产过剩性经济危机,以后每隔 10 年左右就有一次这样的危机。面对危机时期生产锐减、物价暴跌、社会动荡、人心不安的状况,人们将其称为"恐慌"或其他令人生畏的名称。同时,也有一些经济学家冷静地分析这种现象。就在大多数经济学家仍把危机作为一种孤立的现象时,法国一位原来行医的学者 C.朱格拉提出,危机并不是一种独立的现象,而是经济周期性波动中的一个阶段。从那时以来,经济周期就成为宏观经济学的主题之一。

经济增长更是最古老的经济学议题之一。人类要生存,要发展,其前提就是物质产品的增加。可以说,自从有人类以来,经济增长就是学者们所关心的问题了。近代经济学的奠基人、英国古典经济学家亚当·斯密研究的中心实际就是经济增长问题。所以说,经济增长是宏观经济学最古老的主题之一的确并不过分。

现代宏观经济学认为,经济周期是短期中由于总需求变动引起的国民收入短期波动,而经济增长则是长期中由于总供给变动引起的国民收入长期增长。经济周期与经济增长理论是国民收入决定理论的延伸与发展,也是国民收入决定理论的长期化与动态化。

第一节 经济周期理论

一、经济周期的含义

美国著名经济学家萨缪尔森对资本主义经济的发展曾做过这样的描述:"在繁荣之后,可以有恐慌与暴跌。经济扩张让位于衰退。国民收入、就业和生产下降。价格与利润跌落,工人失业。当最终到达最低点以后,复苏开始出现。复苏可以是缓慢的,也可以是快速的。新的高涨可以表现为长期持续的旺盛的需求、充足的就业机会以及增长的生活标准。它也可以表现为短暂的价格膨胀和投机活动,紧接而至的是又一次灾难性的萧条。简单说来,这就是所谓'经济周期'。"[①]

---

① 萨缪尔森:《经济学》,上册,商务印书馆,1979 年,第 351 页。

从萨缪尔森的这种描述中可以看出,经济周期就是国民收入及经济活动的周期性波动。西方经济学家在解释这一定义时强调:第一,经济周期的中心是国民收入的波动,由于这种波动而引起了失业率、物价水平、利率、对外贸易等活动的波动。所以,研究经济周期的关键是研究国民收入波动的规律与根源。第二,经济周期是经济中不可避免的波动。第三,虽然每次经济周期并不完全相同,但它们却有共同点,即每个周期都是繁荣与萧条的交替。

二、经济周期的阶段

萨缪尔森关于经济周期的描述还反映出了每个经济周期所要经历的主要阶段。一般把经济周期分为繁荣、衰退、萧条、复苏四个阶段。其中,繁荣与萧条是两个主要阶段,衰退与复苏是两个过渡性阶段。可用图 9-1 来说明这四个阶段的情况。

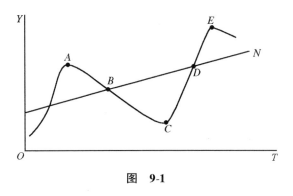

图 9-1

图 9-1 中纵轴代表国民收入,横轴代表时间(年份),向右上方倾斜的直线 N 代表正常的经济活动水平。A 为顶峰,A—B 为衰退,B—C 为萧条,C 为谷底,C—D 为复苏,D—E 为繁荣,E 为顶峰。A—E 即为一个周期。这四个阶段都有各自的特点。

1. 繁荣

这是国民收入与经济活动高于正常水平的一个阶段。其特征为生产迅速增加,投资增加,信用扩张,价格水平上升,就业增加,公众对未来乐观。繁荣的最高点被称为顶峰,这时就业与产量水平达到最高,但股票与商品的价格开始下跌,存货水平高,公众的情绪正由乐观转为悲观。这是繁荣的极盛时期,也是由繁荣转向衰退的开始。顶峰一般为 1—2 个月。

2. 萧条

这是国民收入与经济活动低于正常水平的一个阶段。其特征为生产急剧减少,投资减少,信用紧缩,价格水平下跌,失业严重,公众对未来悲观。萧条的最低点被称为谷底,这时就业与产量水平跌至最低,但股票与商品的价格开始回升,存货减少,公众的情绪正由悲观转为乐观。这是萧条的最严重时期,也是由萧条转向复苏的开始。谷底一般为1—2个月。

3. 衰退

这是从繁荣到萧条的过渡时期,这时经济开始从顶峰下降,但仍未低于正常水平。

4. 复苏

这是从萧条到繁荣的过渡时期,这时经济开始从谷底回升,但仍未达到正常水平。这四个阶段循环一次,即为一个经济周期。

三、经济周期的分类

西方经济学家根据经济周期的时间长短,把经济周期分为中周期、短周期与长周期。

世界上第一次生产过剩性危机于1825年发生于英国,以后经济学家就注意并研究了这一问题。但是,他们大多把危机作为一个独立的事物来研究。1862年法国经济学家C.朱格拉在他的《论法国、英国和美国的商业危机以及发生周期》一书中提出,危机或恐慌并不是一种独立的现象,而是经济中周期性波动的三个连续阶段(繁荣、危机、清算)中的一个。这三个阶段反复出现形成周期现象。他对较长时期的工业经济周期进行了研究,并根据生产、就业人数、物价等指标,确定了经济中平均每一个周期为9—10年。这就是中周期,又称为朱格拉周期。美国经济学家A.汉森把这种周期称为"主要经济周期",并根据统计资料计算出美国1795—1937年间共有17个这样的周期,每个周期的平均长度为8.35年。

1923年,英国经济学家J.基钦在《经济因素中的周期与倾向》中研究了1890—

1922 年间英国与美国的物价、银行结算、利率等指标,认为经济周期实际上有主要周期与次要周期两种。主要周期即中周期,次要周期为 3—4 年一次的短周期,又称基钦周期。A. 汉森根据统计资料计算出美国 1807—1937 年间共有 37 个这样的周期,每个周期的平均长度为 3.51 年。

1925 年,苏联经济学家 N. 康德拉季耶夫在《经济生活中的长期波动》中研究了美国、英国、法国和其他一些国家长期时间的序列资料,认为资本主义社会有一种为期 50—60 年、平均长度为 54 年左右的长期波动。这就是长周期,又称康德拉季耶夫周期。

1930 年,美国经济学家 S. 库兹涅茨在《生产和价格的长期运动》中提出了存在一种与房屋建筑业相关的经济周期,这种周期长度在 15—25 年之间,平均长度为 20 年左右。这也是一种长周期,被称为库兹涅茨周期,或建筑业周期。

对经济周期还有其他一些划分方法,这里就不介绍了。

四、经济周期理论概述

经济学家并不满足于对经济周期现象的描述和对经济统计资料的整理。他们力图寻找引起经济周期的原因,建立起一套经济周期理论。自 19 世纪中期以来所提出的经济周期理论有几十种之多,我们就其中重要者作一些介绍。

1. 纯货币理论

这是一种用货币因素来解释经济周期的理论。

这种理论认为,经济周期是一种纯货币现象。经济中周期性的波动完全是由于银行体系交替地扩张和紧缩信用所造成的。

在发达的资本主义社会,流通工具主要是银行信用。商人运用的资本主要来自银行信用。当银行体系降低利率、扩大信用时,商人就会向银行增加借款,从而增加向生产者的订货。这样就引起生产的扩张和收入的增加,而收入的增加又引起对商品需求的增加和物价上升,经济活动继续扩大,经济进入繁荣阶段。但是,银行扩张信用的能力并不是无限的。当银行体系被迫停止信用扩张,转而紧缩信用时,商人得不到贷款,就减少订货,由此出现生产过剩的危机,经济进入萧条时期。在萧条时期,资金逐渐回到银行,银行可以通过某些途径来扩大信用,促进经济复苏。根据这一理论,其他非货币因素也会引起局部的萧条,但只有货币因素才能引起普遍的萧条。

2. 投资过度理论

这是一种用生产资料的投资过多来解释经济周期的理论。

这种理论认为，无论是什么原因引起了投资的增加，这种增加都会引起经济繁荣。这种繁荣首先表现在对投资品(生产资料)需求的增加以及投资品价格的上升上。这就更加刺激了对资本品的投资。资本品的生产过度发展引起了消费品生产的减少，从而形成经济结构的失衡。而资本品生产过多必将引起资本品过剩，于是出现生产过剩危机，经济进入萧条时期。

持有这种理论观点的人对最初引起投资增加的原因又有不同的解释。有些人认为，是货币信用的扩大引起了投资增加，这种观点被称为货币投资过度理论。另一些人认为，是领土的扩大、人口的增加或技术进步引起了投资增加，这种观点被称为非货币投资过度理论。

3. 创新理论

这是一种用技术创新来解释经济周期的理论。

创新是对生产要素的重新组合，例如，采用新的生产技术、新的企业组织形式，开辟新产品、新市场等。这种理论首先用创新来解释繁荣和衰退。这就是说，创新提高了生产效率，为创新者带来了盈利，引起其他企业仿效，形成创新浪潮。创新浪潮使银行信用扩张、对资本品的需求增加，引起经济繁荣。随着创新的普及，盈利机会的消失，银行信用紧缩，对资本品的需求减少，这就引起经济衰退；直至另一次创新出现，经济再次繁荣。

但经济周期实际上包括繁荣、衰退、萧条、复苏四个阶段。这种理论用创新引起的"第二次浪潮"来解释这一点。这就是说，在第一次浪潮中，创新引起了对资本品需求的扩大和银行信用的扩张。这就促进了生产资本品的部门扩张，进而又促进生产消费品的部门扩张。这种扩张引起物价普遍上升，投资机会增加，也出现了投机活动。这就是第二次浪潮。它是第一次浪潮的反应。然而，这两次浪潮有重大的区别，即第二次浪潮中许多投资机会与本部门的创新无关。这样，在第二次浪潮中包含了失误和过度投资行为。这就在衰退之后出现了另一个失衡的阶段——萧条。萧条发生后，第二次浪潮的反应逐渐消除，经济转向复苏。要使经济从复苏进入繁荣还有待于创新的出现。

4. 乘数—加速原理

现代经济学家十分重视投资变动在引起经济周期中的关键作用,具有代表性的理论就是乘数—加速原理。

乘数原理是指投资变动所引起的产量的变动。乘数原理说明了由于经济中各部门之间存在密切的联系,某一部门的一笔投资不仅会使本部门的产量增加,而且会对其他部门产生连锁反应,引起这些部门投资与产量的增加,从而使最终产量的增加数倍于原来投资的增加。

加速原理是指产量变动所引起的投资的变动。加速原理说明了由于现代化大生产的特点是采用大量先进而昂贵的设备,所以,在开始生产时,投资要大于产量,即投资的变动率要大于产量的变动率,但在生产能力形成以后,如果产量不以一定的比率增加,投资就无法增加。这就是说,要使投资一直增加,产量就必须按一定比率增加。

西方经济学家认为,经济中之所以会发生周期性波动,其根源正在于乘数原理与加速原理的相互作用。具体来说,投资增加引起产量的更大增加,产量的更大增加又引起投资的更大增加,这样,经济就会出现繁荣。然而,产量达到一定水平后由于社会需求与资源的限制无法再增加,这时就会由于加速原理的作用使投资减少,投资的减少又会由于乘数的作用使产量继续减少。这两者的共同作用又使经济陷入萧条。萧条持续一定时期后,由于产量回升又使投资增加、产量再增加,从而经济进入另一次繁荣。正是由于乘数与加速原理的共同作用,经济中就形成了由繁荣到萧条,又由萧条到繁荣的周期性运动。

除以上四种较为重要的经济周期理论之外,还有用消费不足来解释生产过剩的消费不足理论,用人们的心理预期来解释周期的心理理论,用预期的形成与作用来解释周期的预期理论,等等。

这些理论尽管内容不同,但有一个共同点,即都认为经济周期是由经济体系内的某些内在因素所引起的,因此,经济周期是经济中一种不可避免的现象,是经济发展的规律。人们可以减轻波动的幅度,但无法根除经济周期。这些理论的差别在于其所强调的引起周期的关键因素不同。还应该指出的是,目前还没有一种公认正确的经济周期理论,虽然各种理论都能解释经济周期中的某些现象,但没有一种是完全令人信服的。各种理论都有自己言之成理的内容,也有无法解释的东西。也许还需要形成一种更有说服力的理论。

第二节 经济增长理论

如前所述,经济增长是一个古老的话题,但现代经济增长理论是在凯恩斯主义出现之后形成的,它的中心是研究国民收入的长期增长趋势问题。

现代经济增长理论的内容十分广泛。我们可以把战后增长理论的发展大致分为三个时期:第一个时期是20世纪50年代,这一时期主要是建立各种经济增长模型,探讨经济长期稳定发展的途径。第二个时期是20世纪60年代,这一时期主要是对影响经济增长的各种因素进行定量分析,寻求促进经济增长的途径。第三个时期是20世纪70年代之后,这一时期研究了经济增长的极限,即经济能不能无限增长,与应不应该无限增长的问题。此外,美国经济学家W.罗斯托关于经济增长阶段的研究,美国经济学家S.库兹涅茨关于经济增长统计资料的整理分析和关于社会经济制度与经济增长关系的研究,在经济增长理论中也有相当大的影响。对于这些,我们无法作出全面的介绍,只想重点分析影响经济增长的因素及有关的经济增长模型。

一、经济增长的定义与特征

美国经济学家S.库兹涅茨曾给经济增长下了一个经典性的定义:"一个国家的经济增长,可以定义为给居民提供种类日益繁多的经济产品的能力长期上升,这种不断增长的能力是建立在先进技术以及所需要的制度和思想意识之相应调整的基础上的。"[①]

这个定义包含了三个含义:第一,经济增长集中表现在经济实力的增长上,而这种经济实力的增长就是商品和劳务总量的增加,即国民生产总值的增加。如果考虑到人口的增加和价格的变动,也可以说是人均实际国民生产总值的增加。所以,经济增长最简单的定义就是国民生产总值的增加。第二,技术进步是实现经济增长的必要条件。这就是说,只有依靠技术进步,经济增长才是可能的。第三,经济增长的充分条件是制度与意识的相应调整。这就是说,只有社会制度与意识形态适合经济增长的需要,技术进步才能发挥作用,经济增长才是可能的。应该说,这个定义是对各国经济增

---

① S.库兹涅茨:"现代经济增长:发现和反映",《现代国外经济学论文选》(第二辑),商务印书馆,1981年,第21页。

长历史经验的高度概括,体现了经济增长的实质。因此,这一定义已被西方经济学家广泛接受,并作为研究经济增长问题的出发点。

从这种定义出发,库兹涅茨还总结了经济增长的六个特征。这六个特征是:第一,按人口计算的产量的高增长率和人口的高增长率。第二,生产率本身的增长也是迅速的。这反映了由于技术进步所引起的生产效率的提高。第三,经济结构的变革速度较高。包括从农业转移到非农业,由工业转移到服务业,以及消费结构、进出口结构的改变,等等。第四,社会结构与意识形态的迅速改变。包括城市化、教育与宗教的分离,等等。第五,增长在世界范围内迅速扩大。运输和通信的发展促进了这种扩大。第六,世界增长的情况是不平衡的。从目前看,全世界还有 3/4 的国家处于落后状态,先进与落后的差距相当大。这些特征中,前两个属于数量特征,中间两个是结构特征,后两个是经济增长的国际扩散特征。同时,这六个特征也是相关的。[①]

还应该强调的是,经济增长是经济中的长期趋势,而不是短期现象,其中心是生产能力的长期增长。此外,现代经济学家还强调了经济增长与经济发展的区别。经济增长指国民生产总值的增加,所研究的是发达国家的问题。经济发展指一国由不发达状态过渡到发达状态,所研究的是发展中国家的问题。本节所研究的是经济增长问题。

二、经济增长的源泉

经济增长是产量的增加,因此可以根据总生产函数来研究增长的源泉。

总生产函数是总产量与生产中使用的全部生产要素投入量之间的函数关系。用公式来表示则是:

$$Y = A \cdot F(K,L)$$

其中,Y 表示产量,K 表示资本,L 表示劳动,A 表示技术(总生产函数中假定技术是不变的,所以 A 在这里是一个不变量),F 表示产量与生产要素投入量之间的函数关系。

由上式看出,经济增长的源泉是资本、劳动与技术进步。

1. 资本

资本的概念分为物质资本与人力资本。物质资本又称有形资本,是指设备、厂房、存货等的存量。人力资本又称无形资本,是指体现在劳动者身上的投资,如劳动者的

[①] S.库兹涅茨:"现代经济增长:发现和反映",《现代国外经济学论文选》(第二辑),商务印书馆,1981年,第 21 页。

文化技术水平、健康状况等。这里所研究的是物质资本。

经济增长中必然有资本的增加,英国古典经济学家亚当·斯密就曾把资本的增加作为国民财富增加的源泉。现代经济学家认为,在经济增长中,一般的规律是资本的增加要大于人口的增加,即人均资本量是增加的,从而每个劳动力所拥有的资本量(资本—劳动比率)是增加的。只有人均资本量的增加,才有人均产量的提高。根据美国经济学家 R. 索洛的研究,美国在 1909—1940 年间,平均年增长率为 2.9%,其中由于资本增加而引起的增长率为 0.32%,即资本在经济增长中所作出的贡献占 11% 左右。应该指出,在经济增长的开始阶段,资本增加所作出的贡献还要更大一些。因此,许多经济学家都把资本积累占国民收入的 10%—15% 作为经济起飞的先决条件,把增加资本作为实现经济增长的首要任务。在以后的增长中,资本的相对作用下降了。但战后各国经济增长的事实,说明了储蓄大从而资本增加大的国家,经济增长率仍然是比较高的,例如德国、日本等国都是如此。

2. 劳动

劳动指劳动力的增加。劳动力的增加又可以分为劳动力数量的增加与劳动力质量的提高。这两个方面对经济增长都是重要的。

劳动力数量的增加可以有三个来源:一是人口的增加;二是人口中就业率的提高;三是劳动时间的增加。劳动力质量的提高则是指文化技术水平和健康水平的提高。劳动力是数量与质量的统一。一个高质量的劳动力,可以等于若干低质量的劳动力。劳动力数量的不足,可以由质量的提高来弥补。例如,战后美国劳动力数量的增加并不多,但美国发达的教育提高了劳动力的质量,从而使劳动对经济增长作出了重要贡献。据索洛估算,1909—1940 年间,美国 2.9% 的年增长率中由于劳动而引起的增长率为 1.09%,即劳动在经济增长中作出的贡献占 38% 左右。这与战后劳动力数量增长较高的西欧各国劳动对经济增长作出的贡献比例相当。还应该指出的是,在经济增长的开始阶段,人口增长率也高。因此,这时劳动的增加主要依靠劳动力数量的增加。而经济增长到了一定阶段,人口增长率下降,劳动工时缩短,这时就要通过提高劳动力的质量来弥补劳动力数量的不足。这一点是一个普遍规律。

3. 技术进步

技术进步在经济增长中的作用体现在生产率的提高上,即同样的生产要素投入量能生产更多的产品。

技术进步在经济增长中起到最重要的作用。据索洛估算，1909—1940年间，美国2.9%的年增长率中由于技术进步而引起的增长率为1.49%，即技术进步在经济增长中所作出的贡献占51%左右。而且，随着经济的发展，技术进步的作用越来越重要。

技术进步主要包括资源配置的改善、规模经济和知识的进展等。资源配置的改善主要指人力资源配置的改善，即劳动力从低生产率部门转移到高生产率部门中，包括农业劳动力转移到工业中，以及独立经营者与小企业中的劳动力转移到大企业中。劳动力的这种转移，提高了生产率。规模经济是指由于企业规模扩大而引起的成本下降与收益增加。企业规模的扩大，由于能采用新技术与先进的设备、能采用新的生产方法而提高了生产率。尤其在一些工业部门（例如汽车、机械、冶金行业），这种规模经济的效果特别明显。知识的进展是技术进步中最重要的内容。据美国经济学家E.丹尼森估算，技术进步引起的生产率提高中有60%左右要归因于知识进展。知识进展包括科学技术的发展及其在生产中的运用、新工艺的发明与采用，等等。特别应该强调的是，知识进展不仅应包括自然科学与技术科学的进展，而且包括管理科学的进展。管理科学的发展，新的管理方法的应用，在经济增长中起了重要的作用。从这种意义上说，"科学技术是第一生产力"这句名言中应该包括管理科学。

还应该指出的是，这里所分析的经济增长的源泉是指经济因素，它所假定的前提是社会制度和意识形态已经符合了经济增长的要求。但在不具备这一假设条件时，社会制度和意识形态对经济增长是很重要的。非经济因素，尤其是政治因素，也是经济增长中应考虑的。一个社会只有在具备了经济增长所要求的基本制度条件，有了一套能促进经济增长的制度之后，这些经济因素才能发挥作用。战后许多发展中国家之所以经济发展缓慢，关键并不是缺乏资本、劳动或技术，而是没有改变落后的社会制度。

三、经济增长模型

经济增长模型是把经济增长理论模型化，以分析各种因素之间的关系，寻求经济长期稳定增长的途径。西方经济学家曾建立了许多增长模型。这里我们介绍三种最有代表性的模型：哈罗德—多马模型、新古典模型和新剑桥模型。

1. 哈罗德—多马模型

哈罗德—多马模型，是在20世纪40年代分别由英国经济学家R.哈罗德和美国经济学家E.多马提出来的。他们所提出的模型基本相似，故称哈罗德—多马模型。我们以哈罗德模型为例来介绍这一模型的基本内容。

哈罗德模型假设生产中只用资本与劳动两种生产要素,而且这两种生产要素的配合比率是不变的。此外,还假设技术是不变的,即不考虑技术进步对经济增长的影响。

哈罗德模型的公式是:

$$G = \frac{S}{C}$$

其中,G 代表国民收入增长率,即经济增长率;S 代表储蓄率,即储蓄量在国民收入中所占的比例;C 代表资本—产量比率,即生产一单位产量所需要的资本量。根据这一模型的假设,资本与劳动的配合比率是不变的,从而资本—产量比率也就是不变的。这样,经济增长率实际就取决于储蓄率。例如,假定资本—产量比率 C 为 3,如果储蓄率 S 为 15%,经济增长率 G 则为 5%。在资本—产量比率不变的条件下,储蓄率高,则经济增长率高(例如,储蓄率增加到 18%,则经济增长率为 6%);储蓄率低,则经济增长率低(例如,储蓄率减少到 12%,则经济增长率为 4%)。可见这一模型强调的是资本增加对经济增长的作用,分析的是资本增加与经济增长之间的关系。①

哈罗德模型还用实际增长率、有保证的增长率与自然增长率这三个概念分析了经济长期稳定增长的条件与波动的原因。

实际增长率(G)是实际所发生的增长率,它由实际储蓄率(S)和实际资本—产量比率(C)决定,即:

$$G = \frac{S}{C}$$

有保证的增长率(G_w),又称合意增长率,是长期中理想的增长率,它由合意的储蓄率(S_d)和合意的资本—产量比率(C_r)决定,即:

$$G_w = \frac{S_d}{C_r}$$

自然增长率(G_n)是长期中人口增长和技术进步所允许达到的最大增长率,它由最适宜的储蓄率(S_o)和合意的资本—产量比率(C_r)决定,即:

$$G_n = \frac{S_o}{C_r}$$

哈罗德模型认为,长期中实现经济稳定增长的条件是实际增长率、有保证的增长率与自然增长率相一致,即:

$$G = G_w = G_n$$

---

① 多马模型的公式是 $G = S \cdot \alpha$。其中,α 是资本生产率,即一单位资本的产出量,$\alpha = \frac{1}{C}$,所以,这一模型与哈罗德模型基本相同。

如果这三种增长率不一致,则会引起经济中的波动。具体来说,实际增长率与有保证的增长率的背离,会引起经济中的短期波动。当实际增长率大于有保证的增长率($G>G_w$)时,会引起累积性的扩张,因为这时实际的资本—产量比率小于合意的资本—产量比率($C<C_r$),资本家会增加投资,使这两者一致,从而就刺激了经济的扩张;反之,当实际增长率小于有保证的增长率($G<G_w$)时,会引起累积性的收缩,因为这时实际的资本—产量比率大于合意的资本—产量比率($C>G_r$),资本家会减少投资,使这两者一致,从而就引起了经济收缩。在长期中,有保证的增长率与自然增长率的背离也会引起经济波动。当有保证的增长率大于自然增长率($G_w>G_n$)时,由于有保证的增长率超过了人口增长和技术进步所允许的程度,将会出现长期停滞;反之,当有保证的增长率小于自然增长率($G_w<G_n$)时,由于有保证的增长率不会达到人口增长和技术进步所允许的程度,将会出现长期繁荣。所以,应该使这三种增长率达到一致。

哈罗德—多马模型是最早的经济增长模型,它虽然比较简单,而且有缺点,但以后的经济增长模型都是在此基础上建立起来的,是对它的发展与改进。

2. 新古典模型

新古典模型是由美国经济学家 R. 索洛等人提出来的。这一模型认为,哈罗德—多马模型所指出的经济增长途径是很难实现的。这就是说,在现实中,由于各种因素的影响,实际增长率、有保证的增长率和自然增长率很难达到一致。因此,他们把哈罗德—多马模型所指出的经济增长途径称为"刃锋"。他们的模型就是要通过改变资本—产量比率来解决这一"刃锋"问题,并且考虑技术进步对经济增长的作用。

新古典模型的公式是:

$$G = a\left(\frac{\Delta K}{K}\right) + b\left(\frac{\Delta L}{L}\right) + \frac{\Delta A}{A}$$

其中,$\frac{\Delta K}{K}$代表资本增加率,$\frac{\Delta L}{L}$代表劳动增加率,$\frac{\Delta A}{A}$代表技术进步率,a代表经济增长中资本所作的贡献比例,b代表经济增长中劳动所作的贡献比例,a与b之比即资本—劳动比率。

这一模式说明了:

第一,决定经济增长的因素是资本的增加、劳动的增加和技术进步。

第二,资本—劳动比率是可变的,从而资本—产量比率也就是可变的。这是对哈罗德—多马模型的重要修正。

第三,资本—劳动比率的改变是通过价格的调节来进行的。如果资本量大于劳动量,则资本的相对价格下降,劳动的相对价格上升,从而就使生产中更多地利用资本,更少地利用劳动,通过资本密集型技术来实现经济增长;反之,如果资本量小于劳动量,则资本的相对价格上升,劳动的相对价格下降,从而就使生产中更多地利用劳动,更少地利用资本,通过劳动密集型技术来实现经济增长。这样,通过价格的调节使资本与劳动都得到充分利用,经济得以稳定增长。因为这一模型强调了价格对资本—劳动比率的调节作用,与新古典经济学的观点相似,故称为新古典模型。

3. 新剑桥模型

新剑桥模型是由英国经济学家 J. 罗宾逊、N. 卡尔多等人提出来的。这一模型分析收入分配的变动如何影响决定经济增长率的储蓄率,以及收入分配与经济增长之间的关系。

新剑桥模型的公式为:

$$G = \frac{S}{C} = \frac{\left(\frac{P}{Y} \cdot S_p + \frac{W}{Y} \cdot S_w\right)}{C}$$

其中,C 仍然是资本—产量比率。$\frac{P}{Y}$ 是利润在国民收入中所占的比例;$\frac{W}{Y}$ 是工资在国民收入中所占的比例;国民收入分为利润与工资两部分,所以 $\frac{P}{Y} + \frac{W}{Y} = 1$。$S_p$ 是利润收入者的储蓄倾向,即储蓄在利润中所占的比例;S_w 是工资收入者的储蓄倾向,即储蓄在工资中所占的比例。一般假设利润收入者的储蓄倾向大于工资收入者的储蓄倾向,即 $S_p > S_w$,而且 S_p 与 S_w 都是既定的。

从上式中可以看出,在 S_p 与 S_w 既定时,储蓄率的大小取决于国民收入分配的状况,即利润与工资在国民收入中所占的比例。在 $S_p > S_w$ 的假定之下,利润在国民收入中所占的比例越大,则储蓄率越高;相反,工资在国民收入中所占的比例越大,则储蓄率越低。可举一例说明这一点:

假设 $S_p = 30\%$,$S_w = 10\%$,如果 $\frac{P}{Y} = 40\%$,$\frac{W}{Y} = 60\%$,则:

$$S = (40\% \times 30\% + 60\% \times 10\%) = 18\%$$

如果改变收入分配比例,$\frac{P}{Y} = 60\%$,$\frac{W}{Y} = 40\%$,则:

$$S = (60\% \times 30\% + 40\% \times 10\%) = 22\%$$

在资本—产量比率不变的情况下,增长率取决于储蓄率,储蓄率越高则增长率越高,而要提高储蓄率,就要改变国民收入的分配,使利润在国民收入中占更大的比例。因此,经济增长是以加剧收入分配的不平等为前提的。经济增长的结果,也必然加剧收入分配的不平等。这是新剑桥模型的重要结论。

四、经济增长的极限与代价

许多经济学家都把经济增长作为经济福利的源泉,以促进经济增长为目标。但是,实际上经济增长在增进社会福利的同时,也引起了环境污染严重、收入分配不平等加剧等问题。因此,20世纪70年代之后,许多经济学家对经济增长提出了疑问。这些疑问大致可以分为两类:一类是经济能否持续增长下去,即经济增长是否有极限;另一类是经济增长到底给人类带来了什么,即应不应该把经济增长作为目标。

1. 增长极限论

这一理论主要是由罗马俱乐部[①]提出来的,其代表作是美国经济学家梅多斯1972年出版的《增长的极限》。

这一理论认为,经济增长取决于人口增长、粮食供应、工业资本投资、能源消耗和环境污染这样五个因素。这些因素都按指数增长,即以几何级数(1,2,4,16,32,…)的形式增长。人口以指数形式增长,要求粮食供应、工业资本投资也以指数形式增长,但粮食供应受自然资源(土地、水源等)的制约,无法实现指数增长;工业资本投资的指数增长又会使地球上不可再生性资源(煤、石油、矿藏等)以指数形式消耗,环境污染以指数形式增加。这样,经济增长就必然要受到限制,而决不会无限增长下去。梅多斯等人把对这些因素的定量分析运用计算机计算,得出如果以现在的速度增长下去,人类社会将在2100年崩溃的结论。为了避免这一悲观的前途,人类社会应该在1975年停止人口增长,在1980年停止工业投资增长。

这种理论说明了经济增长要受到客观因素的限制。增长有一个不可逾越的极限,经济不可能无限增长下去。

---

① 罗马俱乐部是一个非正式的学术团体。1968年,意大利菲亚特公司董事长帕塞伊邀请西方30名著名学者在罗马讨论人类目前和将来的处境。以后这样的讨论会进行了多次。人们一般把这个讨论会称为罗马俱乐部。

2. 增长怀疑论

这一理论主要是由美国经济学家米香、加尔布雷斯和英国经济学家 J. 罗宾逊等人提出来的。其基本观点是：经济增长并不等于社会经济福利的增加。因为人类追求经济增长是要付出巨大代价的，诸如经济增长使环境污染严重，使社会道德风尚败坏，使收入分配更加不平等，使富国与穷国之间的差距加大，破坏了田园式的幽静生活，等等。因此，经济增长即使是可能的，也是不值得追求的。

这些对经济增长持怀疑甚至否定态度的观点，反映了经济增长给人类社会带来的种种问题。这些问题也是实际存在的。从这种意义上看，这些理论有其可取之处。但是，他们对经济增长的态度太悲观了。应该说，经济增长给人类社会带来了生活水平的提高与社会的发展，但也必然引起一些其他问题。只要采用妥善的政策，经济增长中出现的问题还是可以解决的。

第十章 宏观经济政策

宏观经济学的任务是要说明国家为什么必须干预经济，以及应该如何干预经济，即要为国家干预经济提供理论依据与政策指导。因此，经济政策问题在宏观经济学中占有十分重要的地位。

自20世纪30年代以来，宏观经济政策的发展大致经历了三个阶段。从30年代到第二次世界大战前是第一阶段。30年代的大危机迫使西方各国政府走上了国家干预经济的道路。凯恩斯于1936年发表的《就业、利息与货币通论》，正是要为这种干预提供理论依据。这一时期是宏观经济政策的试验时期，其中最全面而成功的试验是美国罗斯福总统实施的"新政"。二战以后，宏观经济政策的发展进入了第二个阶段。1944年英国政府发表的《就业政策白皮书》和1946年美国政府通过的《就业法》，都把实现充分就业、促进经济繁荣作为政府的基本职责。这标志着国家将全面而系统地干预经济，宏观经济政策的发展自此进入了一个新时期。这一时期的宏观经济政策是以凯恩斯主义为基础的，采取的主要的政策工具是财政政策与货币政策。70年代初，西方国家出现了高通货膨胀率与高失业率并存的"滞胀"局面。这就迫使它们对国家干预经济的政策进行反思，于是，宏观经济政策的发展进入了第三个阶段。在这个阶段，最重要的特征是自由放任思潮的复兴。自由放任思潮主张减少国家干预，加强市场机制的调节作用。因此，经济政策的自由化和多样化，成为这个阶段宏观经济政策的重要发展。进入21世纪后，各国对经济的调整也没有放松，例如美国在2008年金融危机爆发后采取的量化宽松货币政策。

本章将介绍各种主要宏观经济政策，并对这些政策作出简要的评论。

第一节　宏观经济政策的目标与工具

一、宏观经济政策目标

现在一般经济学家都认为，宏观经济政策应该同时达到四个目标：充分就业、物价稳定、经济增长、国际收支平衡。充分就业并不是指人人都有工作，而是维持一定的失业率，这个失业率要在社会可允许的范围之内，能为社会所接受。物价稳定是指维持一个低而稳定的通货膨胀率，这种通货膨胀率能为社会所接受，对经济也不会产生不利的影响。经济增长是指达到一个适度的增长率,这种增长率要既能满足社会发展需要,又是人口增长和技术进步所能达到的。国际收支平衡则是指既无国际收支赤字又无国际收支盈余,因为国际收支赤字和盈余,都会对国内经济发展带来不利的影响。

这四种经济目标之间是存在矛盾的。充分就业与物价稳定是矛盾的。因为要实现充分就业,就必须运用扩张性财政政策和货币政策,而这些政策又会由于财政赤字的增加和货币供给量的增加而引起通货膨胀。充分就业与经济增长有一致的一面,也有矛盾的一面。这就是说,一方面,经济增长会提供更多的就业机会,有利于充分就业;另一方面,经济增长中的技术进步又会引起资本对劳动的替代,相对地缩小对劳动的需求,使部分工人,尤其是文化技术水平低的工人失业。充分就业与国际收支平衡之间也有矛盾。因为充分就业的实现引起国民收入增加,而在边际进口倾向既定的情况下,国民收入增加必然引起进口增加,从而使国际收支状况恶化。此外,在物价稳定与经济增长之间也存在矛盾。因为在经济增长过程中,通货膨胀是难以避免的。

宏观经济政策目标之间的矛盾,要求政策制定者或者确定重点政策目标,或者对这些政策目标进行协调。政策制定者在确定宏观经济政策时,既要考虑国内外各种政治因素,又要受自己对各项政策目标重要程度的理解,以及社会可接受程度的制约。不同流派的经济学家,对政策目标有不同的理解。例如,凯恩斯主义经济学家比较重视充分就业与经济增长,而货币主义经济学家则比较重视物价稳定。这些对政策目标的确定都有相当大的影响。从战后美国的实际情况来看,不同时期也有不同的政策目标偏重,例如在20世纪50年代的政策目标是兼顾充分就业与物价稳定,在60年代的政策目标是充分就业与经济增长,在70年代之后的政策目标则强调物价稳定和四个目标的兼顾。

二、宏观经济政策工具

宏观经济政策工具是用来达到政策目标的手段。一般说来,政策工具是多种多样的,每一种政策工具都有自己的作用,但往往可以达到相同的政策目标。政策工具的选择与运用是一门艺术。在宏观经济政策工具中,常用的有需求管理、供给管理等。

1. 需求管理

需求管理是通过调节总需求来达到一定政策目标的宏观经济政策工具。这也是凯恩斯主义经济学家所重视的政策工具。

凯恩斯主义产生于20世纪30年代大危机时期。这时经济中资源严重闲置,总供给不是限制国民收入增加的重要因素,经济中的关键问题是总需求不足。凯恩斯主义的国民收入决定理论,是在假定总供给无限的条件下说明总需求对国民收入的决定作用。因此,由这种理论所引出的政策工具就是需求管理。

需求管理是要通过对总需求的调节,实现总需求等于总供给,达到既无失业又无通货膨胀的目标。在总需求小于总供给时,经济中会由于需求不足而产生失业,这时就要运用扩张性的政策工具来刺激总需求。在总需求大于总供给时,经济中会由于需求过度而引起通货膨胀,这时就要运用紧缩性的政策工具来抑制总需求。需求管理包括财政政策与货币政策。

2. 供给管理

20世纪70年代初,石油价格大幅度上升对经济的严重影响,使经济学家们认识到了总供给的重要性。总需求—总供给模型中分析了总供给对国民收入和价格水平的影响。这样,宏观经济政策工具中就不能只有需求管理,还要有供给管理。

供给管理是要通过对总供给的调节,来达到一定的政策目标。供给即生产。在短期内,影响供给的主要因素是生产成本,特别是生产成本中的工资成本。在长期内,影响供给的主要因素是生产能力,即经济潜力的增长。因此,供给管理包括控制工资与物价的收入政策、改善劳动力市场状况的人力政策,以及促进经济增长的增长政策。

第二节 需求管理(一):财政政策

在凯恩斯主义出现之前,财政政策的目的是为政府的各项开支筹集资金,以实现财政收支平衡,它所影响的主要是收入分配,以及资源在私人部门与公共部门之间的配置。在凯恩斯主义出现之后,财政政策被作为需求管理的重要工具,以实现既定的政策目标。这种财政政策包含了三个相互关联的选择:第一,选择开支政策,即开支多少,以及用于哪些方面的开支。第二,征税,即征收多少税,以及采用何种手段征税。第三,赤字政策,即确定赤字的规模和分配。

一、财政政策的内容与运用

　　财政政策的主要内容包括政府支出与政府税收。政府支出包括政府公共工程支出(如政府投资兴建基础设施)、政府购买(如政府对各种产品与劳务的购买),以及转移支付(政府不以取得产品与劳务为目的的支出,如各种福利支出等)。政府税收主要是指个人所得税、公司所得税和其他税收。

　　财政政策就是要运用政府开支与税收来调节经济。具体来说,在经济萧条时期,总需求小于总供给,经济中存在失业,政府就要通过扩张性的财政政策来刺激总需求,以实现充分就业。扩张性的财政政策包括增加政府支出与减税。政府公共工程支出与购买的增加有利于刺激私人投资,转移支付的增加可以增加个人消费,这样就会刺激总需求。减少个人所得税(主要是降低税率)可以使个人可支配收入增加,从而消费增加;减少公司所得税可以使公司收入增加,从而投资增加,这样也会刺激总需求。在经济繁荣时期,总需求大于总供给,经济中存在通货膨胀,政府则要通过紧缩性的财政政策来压抑总需求,以实现物价稳定。紧缩性的财政政策包括减少政府支出与增税。政府公共工程支出与购买的减少有利于抑制私人投资,转移支付的减少可以减少个人消费,这样就会压抑总需求。增加个人所得税(主要是提高税率)可以使个人可支配收入减少,从而消费减少;增加公司所得税可以使公司收入减少,从而投资减少,这样也会压抑总需求。

　　在20世纪50年代,美国等西方国家就是采取了这种"逆经济风向行事"的财政政策,其目的在于实现既无失业又无通货膨胀的经济稳定。60年代以后,为了实现充分就业与经济增长,美国的财政政策则以扩张性的财政政策为基调,强调通过增加政府支出与减税来刺激经济。特别是在1962年肯尼迪政府时期,曾进行了全面的减税。个人所得税减少20%,最高税率从91%降至65%,公司所得税税率从52%降到47%,还采取了加速折旧、投资减税优惠等变相的减税政策。这些对经济起到了有力的刺激作用,造成60年代美国经济的繁荣。70年代之后,美国在其财政政策的运用中又强调了微观化,即对不同的部门与地区实行不同的征税方法,制定不同的税率,个别地调整征税范围,以及调整政府对不同部门与地区的拨款、支出政策,以求得经济的平衡发展。80年代里根政府上台之后,制定了以供给学派理论为依据的经济政策,其中最主要的一项也是减税。但应该指出的是,供给学派的减税不同于凯恩斯主义的减税。凯恩斯主义的减税是为了刺激消费与投资,从而刺激总需求;而供给学派的减税是为了刺激储蓄与个人的工作积极性,以刺激总供给。90年代之后,诺贝尔经济学奖获得者蒙代尔证明了在开放经济条件下,财政政策稳定经济的作用要小于货币政策。从此之后,美国及其他国家政府在调节经济时更偏重于用货币政策,财政政策逐渐退出。

二、内在稳定器

某些财政政策由于其本身的特点,具有自动地调节经济,使经济稳定的机制,被称为内在稳定器,或者自动稳定器。

财政政策的内在稳定器作用,主要是通过个人所得税、公司所得税,以及各种转移支付来实现的。个人所得税与公司所得税有其固定的起征点和税率。当经济萧条时,由于收入减少,税收也会自动减少,从而抑制了消费与投资的减少,有助于减轻萧条的程度;当经济繁荣时,由于收入增加,税收也会自动增加,从而抑制了消费与投资的增加,有助于减轻由于需求过大而引起的通货膨胀。失业补助与其他福利支出这类转移支付,有其固定的发放标准。当经济萧条时,由于失业人数和需要其他补助的人数增加,这类转移支付会自动增加,从而抑制了消费与投资的减少,有助于减轻经济萧条的程度;当经济繁荣时,由于失业人数和需要其他补助的人数减少,这类转移支付会自动减少,从而抑制了消费与投资的增加,有助于减轻由于需求过大而引起的通货膨胀。

这种内在稳定器自动地发生作用,调节经济,无须政府作出任何决策,但是,它调节经济的作用是十分有限的。它只能减轻萧条或通货膨胀的程度,并不能改变萧条或通货膨胀的总趋势;只能对财政政策起到自动配合的作用,并不能代替财政政策。因此,尽管某些财政政策具有内在稳定器的作用,但仍需要政府有意识地对其加以运用,以调节经济。

三、赤字财政政策

在经济萧条时期,财政政策是增加政府支出、减少政府税收,这样就必然出现财政赤字。凯恩斯认为,财政政策应该为实现充分就业服务,因此,必须放弃财政收支平衡的旧信条,实行赤字财政政策。20世纪60年代,美国的凯恩斯主义经济学家强调了要把财政政策从害怕赤字的框框里解放出来,以充分就业为目标来制定财政预算,而不管是否有赤字。这样,赤字财政就成为财政政策的一项重要内容。

凯恩斯主义经济学家认为,财政政策不仅是必要的,而且是可能的。这是因为:第一,债务人是国家,债权人是公众。国家与公众的根本利益是一致的。政府的财政赤字是国家欠公众的债务,也就是自己欠自己的债务。第二,政府的政权是稳定的,这就保证了债务的偿还是有保证的,不会引起信用危机。第三,债务用于发展经济,使政府有能力偿还债务,弥补赤字。这就是一般所说的"公债哲学"。

政府实行赤字财政政策是通过发行公债来进行的。公债并不是直接卖给公众或厂商,因为这样可能会减少公众与厂商的消费和投资,使赤字财政政策起不到应有的刺激经济的作用。公债由政府财政部发行,卖给中央银行,中央银行向财政部支付货币,财政部就可以用这些货币来进行各项支出,刺激经济。而中央银行购买的政府公债,既可以作为发行货币的准备金,也可以在金融市场上卖出。

战后美国的赤字财政政策有一个发展过程。在20世纪50年代,美国奉行"补偿性的财政政策",即在经济萧条时期,增加政府支出,减少税收,使财政有赤字;而在经济繁荣时期,减少政府支出,增加税收,使财政有盈余,以求得长期的财政预算平衡。从1952年到1960年的8年中,5年有财政赤字,3年有财政盈余,赤字最多时也只是125亿美元。60年代以后,为了实现充分就业,美国大规模地实行赤字财政政策,使财政赤字迅速增加。到1983年,联邦政府未偿还的债务已达13 819亿美元,比1948年净增加了11 296亿美元。这样,财政赤字成为之后历届政府所无法解决的问题。里根上任时,曾讥讽他的前任使美国的国债达到了这样的程度:如果每张票面值为1 000美元,将所有国债摞在一起,其高度可达67英里。里根一再声称要解决这一问题。但实际上到1983年年底,里根已把这一纪录加高到近100英里。① 财政赤字的问题在90年代克林顿执政时期有所缓解。但自从小布什上台后,由于阿富汗战争、伊拉克战争,以及其他支出的增加,美国的财政赤字又有所增加。2013财年,由于税收增加和政府开支减少,美国联邦政府财政赤字为6 800亿美元,这既是自2008年以来财政赤字最低的一年,也是5年来首次跌破10 000亿美元。

第三节 需求管理(二):货币政策

货币政策在宏观经济政策中的作用是不断加强的。凯恩斯认为,由于人们心理上对货币的偏好,利率的下降是有一定限度的,所以,依靠降低利率来刺激私人投资的货币政策的效果是有限的。宏观经济政策的重点在于财政政策,尤其是大规模的公共工程投资。20世纪60年代以后,美国的凯恩斯主义经济学家强调货币政策与财政政策

---

① 参见1984年3月5日出版的美国《时代周刊》。

同样重要,主张双管齐下,以促进经济繁荣。70年代后期,由于通货膨胀严重,西方各国又采用了货币主义经济学家所主张的控制货币供给量的政策。2007年美国金融危机爆发后,货币政策又被作为刺激经济的工具。

了解货币政策,必须对货币和金融体系的基本知识有所了解。我们介绍货币政策就从这些知识开始。

一、货币政策的基本知识

1. 货币的基本知识

西方经济学家认为,货币是人们普遍接受的、充当交换媒介的东西。正如美国经济学家、货币主义领袖M.弗里德曼所说,货币"是一个共同的、普遍接受的交换媒介"。

货币的本质体现在货币的职能上。西方经济学家认为,货币的职能主要有三种:第一,交换媒介,即作为一种便利于交换的工具。这是货币最基本的职能。这种职能包括在延期支付时作为支付手段的职能。第二,计价单位,即用它的单位来表示其他一切商品的价格。这是货币作为交换媒介的必要条件。第三,贮藏手段,即作为保存财富的一种方式。这是货币作为交换媒介的延伸。

在目前的西方国家,流行的货币主要有这样几类:

(1) 纸币

它是由中央银行发行的,由法律规定了其地位的法偿货币。纸币的价值取决于它的购买力。

(2) 铸币

它是小额币值的辅币,一般用金属铸造。

以上两种货币被称为通货或现金。

(3) 存款货币

又称银行货币或信用货币,是商业银行中的活期存款。活期存款可以用支票在市场上流通,所以是一种可以作为交换媒介的货币。

(4) 近似货币

又称准货币,是商业银行中的定期存款和其他储蓄机构的储蓄存款。这种存款在一定的条件下可以转为活期存款,通过支票流通,因此被称为近似货币。

(5) 货币替代物

是指在一定条件下可以暂时代替货币起到交换媒介的东西。例如信用卡,它本身并不是货币,也不具有货币的职能,只是代替货币执行交换媒介的职能。

在经济学中,一般把货币分为 M_1 与 M_2,用公式可以表示为:

$$M_1 = 通货 + 商业银行活期存款$$

$$M_2 = M_1 + 定期存款与储蓄存款$$

M_1 被称为狭义的货币,M_2 被称为广义的货币。

2. 西方国家的银行制度

西方国家的银行分为两类:中央银行与商业银行。

中央银行是国家的银行,它的主要职责是:第一,作为商业银行的银行,吸收商业银行的存款,向商业银行发放贷款,并领导与监督商业银行的业务活动。第二,代表国家发行纸币。第三,运用货币政策调节经济。

商业银行是私人办的银行,它的性质和一般的企业一样。它所从事的业务包括:吸收存款、发放贷款和代客结算。它从这些活动中获得利润。各国商业银行的组成情况有所不同。有些国家(例如美国)有许多大小不同,但在法律上都是独立的商业银行。有些国家(例如英国、日本)则有几家大型商业银行,各个商业银行都有许多分行,形成一套独立的体系。

3. 银行创造货币的机制

在货币政策调节经济的过程中,商业银行体系创造货币的机制是十分重要的。这一机制与法定准备金制度、商业银行的活期存款,以及银行的贷款转化为客户的活期存款等制度是相关的。

商业银行资金的主要来源是存款。为了应付存款客户随时取款的需要,确保银行的信誉与整个银行体系的稳定,银行不能把全部存款放出,必须保留一部分准备金。法定准备金率是中央银行以法律形式规定的商业银行在所吸收存款中必须保持的准备金的比例。商业银行在吸收存款后,必须按法定准备金率保留准备金,其余的部分才可以作为贷款放出。例如,如果法定准备金率为20%,那么,商业银行在吸收了100万元存款后,先要留20万元准备金,其余80万元方可作为贷款放出。

正如我们以前所介绍的,在西方,商业银行的活期存款就是货币,它可以用支票在市场上流通。所以,活期存款的增加就是货币供给量的增加。

因为活期存款就是货币,所以客户在得到商业银行的贷款以后,一般并不取出现金,而是把所得到的贷款作为活期存款存入同自己有业务往来的商业银行,以便随时开支票使用。所以,银行贷款的增加又意味着活期存款的增加、货币供给量的增加。这样,商业银行的存款与贷款活动就会创造货币,在中央银行货币发行量并未增加的情况下,使流通中的货币量增加。而商业银行所创造货币的多少,取决于法定准备金率。我们可用一个例子来说明这一点。

假设法定准备金率为20%,最初某商业银行A所吸收的存款为100万元,该商业银行可放款80万元,得到这80万元贷款的客户把这笔贷款存入另一个商业银行B,该商业银行又可放款64万元,得到这64万元贷款的客户把这笔贷款存入另一个商业银行C,该商业银行又可放款51.2万元……这样继续下去,整个商业银行体系可以增加500万元货币,即100万元的存款创造出了500万元的货币。

如果以R代表最初存款;D代表存款总额,即创造出的货币;r代表法定准备金率($0<r<1$),则商业银行体系所能创造出的货币的公式是:

$$D = \frac{R}{r}$$

由这一公式可以看出,商业银行体系所能创造出来的货币量与法定准备金率成反比,与最初存款成正比。

4. 金融市场

金融市场又称公开市场,是各种信用工具交易的场所。中央银行主要是通过在公开市场上的活动来运用货币政策调节经济。

金融市场分为货币市场与资本市场。货币市场是从事短期信用工具买卖的金融市场,是短期信用工具与货币相交换的市场。在货币市场上交易的短期信用工具有:商业票据,即由公司发行的短期票据;国库券,即由政府发行的短期债券;银行承兑票,即由私人或公司所签发而以某一承兑银行为付款人的定期汇票;可转让的定期存单,即由银行发行的一种债券。参与货币市场活动的主要有:政府主管国库的机构,它通过国库券的出售以获得短期资金;中央银行,它通过货币市场调节货币供给量与利息率;商业银行,它通过货币市场从事其所需要的准备金数量的调整;其他金融机构(如人寿保险公司、互助储蓄银行等),它们通过货币市场从事其资金的运用与筹措。资本市场是从事长期信用工具买卖的场所。长期信用工具指借贷期限在一年以上的信用工具,例如公债(包括中央政府与地方政府发行的)、公司债券、股票以及房地产抵押单,等等。

二、凯恩斯主义的货币政策

从总需求的分析中可以看出,利率的变动通过对投资和总需求的影响而影响国民收入。这一分析正是凯恩斯主义货币政策的理论基础。由此出发,货币政策的直接目标是利率。

1. 货币政策的机制

货币政策是指通过对货币供给量的调节来调节利率,再通过利率的变动来影响总需求。要知道货币政策的作用,首先应该了解货币量与利率之间的关系。

凯恩斯主义之所以认为货币量可以调节利率,是以人们的财富只有货币与债券这两种形式的假设为前提的。在这一假设之下,债券是货币的唯一替代物,人们在保存财富时只能在货币与债券之间作出选择。持有货币无风险,但也没有收益;持有债券有收益,但也有风险。人们在保存财富时总要使货币与债券之间保持一定的比例。如果货币供给量增加,人们就要以货币购买债券,债券的价格就会上升;反之,如果货币供给量减少,人们就要抛出债券以换取货币,债券的价格就会下降。债券价格、债券收益、利率三者之间的关系可以用公式表示为:

$$债券价格 = \frac{债券收益}{利率}$$

这就是说,债券价格与债券收益的大小成正比,与利率的高低成反比。因此,货币量增加,债券价格上升,利率就会下降;反之,货币量减少,债券价格下降,利率就会上升。

利率的变动会影响总需求,因为利率的变动首先要影响投资。利率的下降会降低投资者贷款所付的利息,从而降低投资成本,增加投资的收益。同时,利率的下降也会使人们更多地购买股票,从而股票价格上升,而股票价格的上升有利于刺激投资。此外,利率的下降还会鼓励人们更多地消费;相反,利率的上升就会减少投资和消费。

2. 货币政策的工具

在凯恩斯主义的货币政策中,中央银行能够使用的政策工具主要是:公开市场业务、贴现政策以及准备金率政策。

公开市场业务就是中央银行在金融市场上买进或卖出有价证券。其中主要有国库券、其他联邦政府债券、联邦机构债券和银行承兑汇票。买进或卖出有价证券是为了调节货币供给量。买进有价证券实际上就是发行货币，从而增加货币供给量；卖出有价证券实际上就是回笼货币，从而减少货币供给量。公开市场业务是一种灵活而有效地调节货币量，进而影响利率的工具，因此，它成为最重要的货币政策工具。

贴现是商业银行向中央银行贷款的方式。当商业银行资金不足时，可以用客户借款时提供的票据到中央银行要求再贴现，或者以政府债券或中央银行同意接受的其他"合格的证券"作为担保来贷款。再贴现与抵押贷款都被称为贴现，目前以采取后一种方式为主。贴现的期限一般较短，为一天到两周。商业银行向中央银行进行这种贴现时所支付的利率就被称为贴现率。贴现政策包括变动贴现率与贴现条件，其中最主要的是变动贴现率。中央银行降低贴现率或放松贴现条件，使商业银行得到更多的资金，这样就可以增加它对客户的放款，放款的增加又可以通过银行创造货币的机制增加流通中的货币供给量，降低利率。相反，中央银行提高贴现率或严格贴现条件，使商业银行资金短缺，这样就不得不减少对客户的放款或收回贷款，贷款的减少也可以通过银行创造货币的机制减少流通中的货币供给量，提高利率。此外，贴现率作为官方利率，它的变动也会影响到一般利率水平，使一般利率与之同方向变动。

准备金是指商业银行的存款准备金，它包括库存现金和在中央银行的存款。中央银行变动准备金率则可以通过对准备金的影响来调节货币供给量。假定商业银行的准备金率正好达到了法定要求，这时，中央银行降低准备金率就会使商业银行产生超额准备金，这部分超额准备金可以作为贷款放出，从而又通过银行创造货币的机制增加货币供给量，降低利率。相反，中央银行提高准备金率就会使商业银行原有的准备金低于法定要求，于是商业银行不得不收回贷款，从而又通过银行创造货币的机制减少货币供给量，提高利率。

除了以上三种主要的工具外，货币政策还有几项次要的工具：一是道义上的劝告，即中央银行对商业银行的贷款、投资业务进行指导，要求商业银行采取与其一致的做法。这种劝告没有法律上的约束力，但也能起作用。二是垫头规定，即规定购买有价证券必须付出的现金比例。三是利率上限，又称Q号条例，即规定商业银行和其他储蓄机构对定期存款和储蓄存款的利率上限。四是控制分期付款与抵押贷款条件。

3. 货币政策的运用

在不同的经济形势下，中央银行要运用不同的货币政策来调节经济。

在萧条时期，总需求小于总供给，为了刺激总需求，就要运用扩张性的货币政策。

其中包括在公开市场上买进有价证券,降低贴现率并放松贴现条件,降低准备金率,等等。这些政策可以增加货币供给量,降低利率,刺激总需求。

在繁荣时期,总需求大于总供给,为了抑制总需求,就要运用紧缩性的货币政策。其中包括在公开市场上卖出有价证券,提高贴现率并严格贴现条件,提高准备率,等等。这些政策可以减少货币供给量,提高利率,抑制总需求。

从美国的实际情况来看,在20世纪50年代侧重于运用财政政策刺激经济,货币政策则注重稳定物价、制止通货膨胀,所以货币供给量增加并不快;60年代之后则注意运用扩张性的货币政策刺激经济,从而使货币供给量迅速增加,以至于引起了70年代初严重的通货膨胀;70年代中期以后则实际上放弃了凯恩斯主义的货币政策,而代之以货币主义的货币政策。

三、货币主义的货币政策

货币主义的货币政策并不属于需求管理。为了使读者对西方宏观经济政策中的货币政策有较全面的了解,我们对这一政策进行一些简单的介绍。

货币主义的货币政策在传递机制上与凯恩斯主义的货币政策不同。货币主义的基础理论是现代货币数量论,即认为影响国民收入与价格水平的不是利率而是货币量。货币量直接影响国民收入与价格水平这一机制的前提是:人们的财富具有多种形式,如货币、债券、股票、住宅、珠宝、耐用消费品等。这样,人们在保存财富时就不仅是在货币与债券中作出选择,而是在各种财富的形式中进行选择。在这一假设之下,货币供给量的变动主要并不是影响利率,而是影响各种形式的资产的相对价格。在货币供给量增加后,各种资产的价格上升,从而直接刺激生产,在短期内使国民收入增加,以后又会使整个价格水平上升。

货币主义者反对把利率作为货币政策的目标。因为货币供给量的增加只会在短期内降低利率,而其主要影响还是提高利率。这首先在于,货币供给量的增加使总需求增加,总需求增加一方面增加了货币需求量,另一方面提高了价格水平,从而减少了货币的实际供给量,这两种作用的结果就会使利率提高。其次,利率还要受到人们对通货膨胀预期的影响。这也就是说,名义利率等于实际利率加预期的通货膨胀率。货币供给量增加提高了预期的通货膨胀率,从而也就提高了名义利率。因此,货币政策无法限定利率,利率是一个会把人们引入歧途的指示器。

货币主义者还认为,货币政策不应该是一项刺激总需求的政策,而应该作为防止货币本身成为经济失调的根源的政策,为经济提供一个稳定的环境,并抵消其他因素所引起的波动。因此,货币政策不应该是多变的,应该以控制货币供给量为中心,即根据经济增长的需求,按一固定比率增加货币供给量,这也被称为"简单规则的货币政策"。这种政策可以制止通货膨胀,为经济的发展创造一个良好的环境。

第四节　供给管理政策

自20世纪70年代以后,西方经济学家重视了总供给对经济的影响,分析了供给对通货膨胀的影响(成本推动的通货膨胀理论),以及劳动力市场结构对失业的影响。根据这种分析,他们提出了供给管理政策。

一、收入政策

收入政策是通过控制工资与物价来制止通货膨胀的政策,因为控制的重点是工资,故称收入政策。

根据成本推进的通货膨胀理论,通货膨胀是由于成本增加,特别是工资成本的增加而引起的。因此,要制止通货膨胀就必须控制工资增长率,而要有效地控制工资增长率,还要同时控制价格水平。收入政策一般有三种形式:

1. 工资—物价冻结

是指政府采用法律手段禁止在一定时期内提高工资与物价。这种措施一般是在特殊时期(例如战争时期)采用的。但在某些通货膨胀严重时期,也可以采用这一强制性措施。例如,1971年美国尼克松政府为了控制当时的通货膨胀,就曾宣布工资与物价冻结3个月。

这种措施在短期内可以有效地控制通货膨胀,但它破坏了市场机制的正常作用,在长期中不仅不能制止通货膨胀,反而还会引起资源配置失调,给经济带来更多的困难。所以,一般不宜采用这种措施。

2. 工资与物价指导线

是指政府为了制止通货膨胀,根据劳动生产率的增长率和其他因素,规定出工资与物价上涨的限度,其中主要是规定工资增长率,所以又称"工资指导线"。工会和企业要根据这一指导线来确定工资增长率,企业也要根据这一指导线来确定物价上涨率。如果工会或企业违反规定,使工资增长率和物价上涨率超过了这一指导线,政府就要以税收或法律形式进行惩罚。这种做法比较灵活,在 20 世纪 70 年代以后被西方国家广泛采用。

3. 税收刺激计划

是指以税收为手段来控制工资的增长。具体做法是:政府规定货币工资增长率,即工资指导线,以税收为手段来付诸实施。如果企业的工资增长率超过这一指导线,就课以重税;如果企业的工资增长率低于这一指导线,就予以减税。但这种计划在实施中会遇到企业与工会的反对。1978 年美国卡特政府曾提出过这一政策,但被议会否决,而未付诸实施。

二、指数化政策

通货膨胀会引起收入分配的变动,使一些人受害,而使另一些人受益,从而对经济产生不利的影响。指数化就是为了消除这种不利影响,以对付通货膨胀的政策。它的具体做法是:定期地根据通货膨胀率来调整各种收入的名义价值,以使其实际价值保持不变。主要的指数化措施有:

1. 工资指数化

是指按通货膨胀率指数来调整名义工资,以保持实际工资水平不变。在经济发生通货膨胀时,如果工人的名义工资没变,实际工资就下降了。这就会引起有利于资本家而不利于工人的收入再分配。为了保持工人的实际工资不变,在工资合同中就要确定有关条款,规定在一定时期内按消费物价指数来调整名义工资,这项规定被称为"自动调整条款"。此外,也可以通过其他措施按通货膨胀率来调整工资增长率。工资指数化可以使实际工资不下降,从而维护社会的安定。但在有些情况下,工资指数化也会引起工资成本推动的通货膨胀。与工资指数化相关的是其他的收入指数化。

2. 税收指数化

是指按通货膨胀率指数来调整起征点与税率等级。当经济中发生了通货膨胀时,实际收入不变而名义收入增加了。这样,纳税的起征点实际降低了。在累进税制之下,纳税者名义收入的提高使原来的实际收入进入了更高的税率等级,从而使其缴纳的实际税金增加。如果不实行税收指数化,就会使收入分配发生不利于公众而有利于政府的变化,成为政府加剧通货膨胀的动力。只有根据通货膨胀率来调整税收,即提高起征点并调整税率等级,才能避免不利的影响,使政府采取有力的措施来制止通货膨胀。

此外,利息率等也应该根据通货膨胀率来进行调整。

三、人力政策

人力政策,又称就业政策,是一种旨在改善劳动力市场结构,以减少失业的政策。其中主要有三种形式:

1. 人力资本投资

是指由政府或有关机构向劳动者投资,以提高劳动者的文化技术水平与身体素质,适应劳动力市场的需求。从长期来看,人力资本投资的主要内容是增加教育投资,使教育更普及。从短期来看,是对工人进行在职培训,或者对由于不适应技术的发展变化而失业的工人进行培训,增强他们的就业能力。

2. 完善劳动力市场

失业产生的一个重要原因是劳动力市场的不完善,例如劳动供求的信息不畅通,职业介绍机构的缺乏,等等。因此,政府应该不断完善和增加各类职业介绍机构,为劳动的供求双方提供迅速、准确而完全的信息,使工人找到满意的工作,企业也能得到它们所需要的工人。这无疑会有效地减少失业,尤其是降低自然失业率。

3. 协助工人进行流动

劳动者在地区、行业和部门之间的流动,有利于劳动的合理配置与劳动者人尽其才,也能减少由于劳动力的地区结构和劳动力的流动困难等原因而造成的失业。对工人流动的协助包括提供充分的信息,以及必要的物质帮助与鼓励。

四、经济增长政策

从长期来看,影响总供给的最重要因素还是经济潜力或生产能力。因此,提高经济潜力或生产能力的经济增长政策就是供给管理政策的重要内容。促进经济增长的政策是多方面的,其中主要有:

1. 增加劳动力的数量和质量

劳动力的增加对经济增长有重要的作用。劳动力包括数量与质量两方面。增加劳动力数量的方法有提高人口出生率、鼓励移民入境,等等。提高劳动力质量的方法则是以上所讲的增加人力资本投资。

2. 资本积累

资本的增加可以提高资本—劳动比率,即提高每个劳动力的资本积累率,发展资本密集型技术,利用更先进的设备,以提高劳动生产率。资本的积累主要来源于储蓄,因此,应该通过减少税收、提高利率等途径来鼓励人们储蓄。从各国的经验看,但凡储蓄率高的国家,经济增长率也高。例如德国、日本等经济发展迅速的国家,储蓄率都是比较高的。

3. 技术进步

技术进步在现代经济增长中起着越来越重要的作用。因此,促进技术进步成为各国经济政策的重点。其中的主要措施有:第一,国家对全国的科学技术发展进行规划与协调。例如,美国在1976年成立的科学技术政策办公室,就是在总统领导下进行这一工作的。第二,国家直接投资于重点科学技术研究工作。例如,美国原子弹的研发、"阿波罗登月计划"等都是直接由政府投资的。第三,政府采取鼓励科学技术发展的政策措施。例如,重点支持工业企业的科学研究,以取得直接经济效益;支持大学与工业企业进行合作研究,促进科研与生产的结合;实行技术转让,加速科技成果的推广;等等。第四,加强对科技人才的培养。其中包括:加强与改革中小学基础教育,发展各种职业教育,发展与改革高等教育,加强对在职科技人员的继续教育,引进国外科技人才,等等。

4. 计划化与平衡增长

现代经济中各个部门之间是相互关联的,各部门之间协调的增长是经济本身所要求的。在以私有制为基础的资本主义经济中,这种各部门之间的平衡增长,要通过国家的计划化或政策指导来实现。国家的计划化与协调要通过间接的方式来实现。因此,各国都要制定本国经济增长的短期、中期与长期计划,并通过各种经济政策来实现。在西方各国的计划中,法国是比较成功的。

第五节 宏观经济政策的作用及动向

第二次世界大战以来,西方国家的经济有了相当迅速的发展,也产生了许多前所未有的问题。宏观经济政策对经济的这种高速发展有什么作用?对所产生的种种问题又有什么责任?当前宏观经济政策的特点与发展趋势是什么?我们想把对这一问题的回答,作为这一章的结束语。

一、宏观经济政策对战后西方经济发展的作用

战后的西方经济,尽管也有曲折,但从总体上看,发展是稳定的、增长的。
这种迅速的经济增长是有其客观物质条件的。从美国来看,经济增长的有利条件是:第一,有丰富的自然资源与雄厚的物质基础,特别是在二战中,美国的经济实力得到了迅速扩大。第二,战后科学技术的迅速发展成为推动生产力的强有力因素。第三,战后工业企业的固定资本更新促进了投资增长和劳动生产率的提高。第四,战后

国内比较安定。第五,美国的对外经济扩张政策给其经济增长提供了有利的外部条件。再从西欧各国来看,战后的固定资本更新与美国的援助也为其经济的复兴与发展提供了有利的条件,没有这些客观的物质条件,经济的迅速发展是不可能的。

但是,应该承认,战后凯恩斯主义的盛行,国家通过宏观经济政策对经济进行的干预,也对经济发展起到了重要的作用。从根本上来说,国家对经济的干预适应了战后国家垄断资本主义的需要。国家干预经济,实际上是由国家在全社会的范围内来调节生产,以便缓和生产社会化与生产资料私人占有之间的矛盾。从所运用的宏观经济政策来看,这种干预起到了这样一些作用:第一,运用扩张性的财政政策与货币政策,刺激了总需求,这就缓和了生产无限增加与有支付能力的需求日益缩小之间的矛盾,为生产的发展提供了广阔的市场。第二,国家的巨额投资不仅刺激了总需求,还推动了科学技术的突破,提供了完善的基础设施,这些都为经济的发展提供了有利的条件。第三,福利支出的增加缓和了国内的阶级矛盾,形成了安定的社会环境,这也保证了经济的发展。正如我们所说过的,战后不同时期曾运用了不同的宏观经济政策,这些政策的运用要归因于经济学的进步。宏观经济学家及时分析经济中已出现和可能出现的问题,并提出相应的对策,这就避免了许多可能发生的问题,使经济持续增长。经济学是为现实服务的,宏观经济学正是在指导国家干预经济的过程中发展与完善起来的。

二、宏观经济政策对经济的副作用

任何经济政策在对经济发展产生促进作用的同时,也会带来副作用。国家干预经济的宏观经济政策也是如此。

20世纪70年代初,西方经济中出现了高通货膨胀率与高失业率并存的"滞胀"局面,这一问题的出现,使人们对国家干预经济的各项政策进行了反思。以刺激总需求为目标的宏观经济政策在具体实施中引起了这样一些问题:第一,在刺激总需求的同时,也刺激了总供给,这样就会在一定时期内激化生产能力扩大与市场相对缩小的矛盾,从而引起生产过剩的经济危机。第二,扩张性的财政政策,尤其是赤字财政政策使赤字迅速增加,成为每一届政府都无法解决的难题。第三,扩张性的货币政策使货币量增加过快,这样就必然引起严重的通货膨胀,对经济产生不利的影响。第四,各种福利支出的增加既降低了效率,又增加了政府负担。福利支出具有不可逆的特点,只能增加与扩大,很难减少与缩小,这也势必给经济带来问题。第五,特别应该指出的是,宏观经济学本身并不是尽善尽美的,对经济的预测难免出现失误,所采取的政策也不一定完全正确,这样,就更会给经济带来困难。第六,国家干预的不断加强在一定程度上限制或破坏了市场机制的正常作用。资本主义经济是以市场机制为基础的,市场机制的破坏使经济难以正常运行。

国家干预经济中出现的各种问题,使得20世纪70年代之后大多数国家的经济政策向自由化的方向发展。

三、宏观经济政策中的新动向:经济政策的自由化

在对国家干预的政策进行反思时,许多经济学家认识到,要解决当前资本主义经济中的种种问题,就必须"回到亚当·斯密去",给私人经济以更多的自由,让市场机制更充分地发挥作用。在经济学上,这就是自由放任思潮的复兴;在经济政策上,则是经济政策的自由化。

主张经济政策自由化的经济学家尽管也存在着分歧,但在两个基本观点上是一致的:第一,反对凯恩斯主义,认为凯恩斯主义的国家干预经济,是当前各种经济问题产生的根源。第二,市场机制是完善的,只有发挥市场机制的作用,经济才能稳定地增长。

从当前西方各国的经济政策来看,总的趋势是减少国家干预,加强市场机制的作用。这些政策主要有:第一,实行私有化,把国家企业变为私人企业。私有化的方式包括把国有股份出卖给私人,出卖国有企业,等等。例如,英国在战后曾对钢铁、造船等行业进行过国有化,但国有化企业生产成本高、管理效率低下,亏损严重。撒切尔夫人上台后,就着手对这些企业实行私有化。私有化减轻了政府的财政负担,提高了企业的效率。现在英国钢铁企业的生产效率已改变了长期的落后状况,居世界领先地位。第二,减少政府对私人企业的干预,让私人企业具有更大的独立性。例如,美国过去曾制定了许多限制私人企业的法规,里根政府上台后则将这些法规或者取消,或者减少,从而使私人企业有了更大的活力。第三,重视市场机制的作用,让市场在调节经济中起更大的作用,并为市场机制作用的正常发挥创造一个良好的环境。

经济政策的自由化对西方经济的发展是有一定作用的。例如,美国里根政府上台后采取了一系列的自由化政策,这些政策对80年代美国经济的复兴起到了积极的作用。

但是,经济政策的自由化会发展到什么地步呢?会完全回到自由放任吗?我们对这一问题的回答是否定的。应该说,在这样一个多变的时代,国家对经济生活的干预是必然的,这种历史发展的趋势是不可逆转的。在国家干预过多,出现了种种问题的

情况下,通过政策的自由化来解决这些问题也是必要的。但自由放任决不能完全代替国家干预。

　　国家干预的宏观经济政策克服了市场调节的许多弊病,自由化又克服了国家干预的许多弊病。在国家垄断资本主义时期,市场经济仍然是基础,国家的干预又不会取消,从这种意义上说,国家干预与市场机制的结合是一种必然。在这一过程中,有时会更强调国家干预,有时会更强调市场机制。但两者的适当结合是一种长期的趋势,如何把这两者更好地结合起来,正是宏观经济政策所应该解决的问题。

第十一章 开放经济中的国民收入均衡与调节

第十一章 开放经济中的国民收入均衡与调节

西方有句俗话,"美国感冒,西欧打喷嚏"。这句话是说,在全球经济一体化的时代,美国经济的变动,对西欧各国经济影响很大。这是因为当今各国的经济都是开放的,一国经济的变动既要影响别国,也要受别国的影响。用《红楼梦》里所说的"一荣俱荣、一损俱损"来形容各国经济之间的相互联系恐怕是再恰当不过了。本章就是要从开放经济的角度来分析一国国民收入的均衡以及相关的政策调节。

第一节 开放经济的基本知识

在研究开放经济中国民收入的均衡与调节时,涉及一些国际经济方面的基本知识。我们先从这些基本知识入手来阐述这一章的内容。

一、开放程度的衡量

世界各国的经济都是开放的,即各国之间存在着物品、劳务、人力与资本的往来,但各国的开放程度并不一样。衡量一个国家开放程度的指标是对外依赖率,又称对外依存度。它是一国的进出口总额与国内生产总值的比率,用公式可以表示为:

$$对外依赖率 = \frac{进口 + 出口}{GDP}$$

决定一国开放程度的因素是很多的,其中主要有:第一,自然资源的赋予情况。一般说来,自然资源丰富的国家开放程度低,自然资源缺乏的国家开放程度高。第二,经济发达程度。一般说来,发达国家开放程度高,不发达国家开放程度低。第三,经济结构的差异。第四,历史传统。第五,经济政策以及其他政治或文化因素。这些因素共同作用,决定了一国的开放程度。

二、国际收支

国际收支是一国在一定时期(通常是一年)内对外国的全部经济交易所引起的收支总额的对比。它是一国与其他各国之间经济交往的记录。国际收支集中反映在国际收支平衡表中,该表按复式记账原理编制。

国际收支平衡表主要包括两个项目:经常项目和资本项目。

经常项目又称商品和劳务项目,指经常发生的商品和劳务的交易。其中,包括有形商品的进出口(国际贸易)、无形的贸易(如运输、保险、旅游的收支)、国际间的转移支付(如赔款、援助、汇款、赠予)等。

资本项目指一切对外资产和负债的交易活动,包括各国间股票、债券、证券等的交易,以及一国政府、居民或企业在国外的存款。

在国际收支中,由本国政府或居民所支付的任何一项交易都作为赤字项,例如:进口,到国外旅游,赠予,购买外国的各种股票、债券和保险,在国外银行存款,等等;反之,本国政府或居民从国外得到的收入都作为盈余项,例如:出口,外国人来本国旅游,获得赠予,出卖各种股票、债券和保险给外国人,外国人在本国银行存款,等等。

如果经常项目和资本项目都有盈余,则国际收支有盈余;如果经常项目和资本项目都为赤字,则国际收支为赤字。

如果经常项目的盈余大于资本项目的赤字,则国际收支有盈余。如果经常项目的盈余小于资本项目的赤字,则国际收支有赤字。如果经常项目的赤字大于资本项目的盈余,则国际收支有赤字。如果经常项目的赤字小于资本项目的盈余,则国际收支有盈余。如果经常项目的盈余(或赤字)与资本项目的赤字(或盈余)相等,则国际收支平衡。

当国际收支有盈余时,会有黄金或外汇流入;当国际收支有赤字时,会有黄金或外汇流出。

由此可见,国际收支状况取决于经常项目和资本项目。经常项目的赤字可以由资本项目的盈余来抵消;反之,也同样。如抵消后还有盈余或赤字,则会有黄金与外汇储备在国际间的流动。

三、汇率制度

汇率又称"外汇行市"或"汇价",是一国货币单位同他国货币单位的兑换比率。它是由于国际结算中本币与外币折合兑换的需要而产生的。在现行的货币制度下,汇率以两国货币实际所代表的价值量为依据。汇率是国际间汇兑得以顺利进行的条件,也是国际间经济往来的必要前提,汇率的变动对各国国内经济与国际间经济关系都有重大的影响。世界上的汇率制度主要有固定汇率制与浮动汇率制两种。

1. 固定汇率制

固定汇率制指一国货币同他国货币的汇率基本固定,其波动仅限于一定的幅度之内。在这种制度下,中央银行固定了汇率,并按这一水平进行外汇的买卖。中央银行必须为任何国际收支盈余或赤字按官方汇率提供外汇。当有盈余时购入外汇,当有赤字时售出外汇,以维持固定的汇率。

实际固定汇率有利于一国经济的稳定,也有利于维护国际金融体系与国际经济交往的稳定,减少国际贸易与国际投资的风险。但是,实行固定汇率要求一国的中央银行有足够的外汇或黄金储备。如果不具备这一条件,必然出现外汇黑市,黑市的汇率要远远高于官方汇率,这样反而会不利于经济发展与外汇管理。

2. 浮动汇率制

浮动汇率制指一国中央银行不规定本国货币与他国货币的官方汇率,听任汇率由外汇市场的供求关系自发地决定。

浮动汇率制又分为自由浮动与管理浮动。自由浮动又称"清洁浮动",指中央银行对外汇市场不采取任何干预措施,汇率完全由市场供求力量自发地决定。管理浮动又称"肮脏浮动",指实行浮动汇率制的国家,其中央银行为了控制或减缓市场汇率的波动,对外汇市场进行各种形式的干预活动,主要是根据外汇市场的供求情况售出或购入外汇,以通过对供求的影响来影响汇率。

实行浮动汇率有利于通过汇率的波动来调节经济,也有利于促进国际贸易,尤其在中央银行的外汇与黄金储备不足以维持固定汇率的情况下,实行浮动汇率对经济较为有利,同时也能取缔非法的外汇黑市交易。但浮动汇率不利于国内经济和国际经济关系的稳定,会加剧经济波动。

3. 汇率升值与汇率贬值

汇率升值是指用本国货币表示的外国货币的价格下跌了。例如,如果美元与欧元的汇率由1欧元兑1.1美元下降为1欧元兑0.8美元,则对美国来说是汇率升值,因为用美元表示的欧元价格下跌,意味着美元升值了。

汇率贬值是指用本国货币表示的外国货币的价格上升了。例如,如果美元与欧元的汇率由1欧元兑1.1美元上升为1欧元兑1.2美元,则对美国来说是汇率贬值,因为用美元表示的欧元价格上升,意味着美元贬值了。

4. 战后西方各国汇率制度的演变

1944年7月,美、英、法、中、苏等45国代表在美国新罕布什尔州布雷顿森林举行了联合国货币金融会议,这一会议通过了《国际货币基金协定》。由此形成了以美国为中心的国际货币体系,又称"布雷顿森林体系"。在这一体系下,西方各国实行了黄金美元本位制,又称国际黄金汇兑本位制。这一制度的基本内容是:第一,美元与黄金挂钩,国际货币基金组织各成员国确认美国在1934年1月所规定的美元与黄金比价,即35美元等于1盎司黄金。各国有义务协助美国维持美元官价,美国承担准许各国中央银行按官价向美国兑换黄金的义务。第二,其他各国货币与美元挂钩,即其他国家的货币与美元保持固定汇率。只有在一国国际收支出现"根本不平衡"时才能调整汇率。市场汇率波动超过1%时,各国政府有义务干预,而汇率调整超过10%时,须经国际货币基金组织同意。这就是20世纪70年代之前西方各国所实施的固定汇率制度。

60年代之后,由于多次发生美元危机,这一货币体系动摇。1971年8月15日,美国宣布停止美元兑换黄金。同年12月,根据西方"十国集团"达成的《史密森协定》,美元贬值7.89%,即从每盎司黄金35美元,改为38美元,并将汇率波动幅度从1%扩大为2.25%。1973年2月,美元再度贬值10%,即每盎司黄金升为42.22美元。由此起,西方各国相继放弃了固定汇率制而采用了浮动汇率制。目前,各国主要是采用有管理的浮动汇率制。

四、开放经济中的国民收入均衡

在封闭经济中,国民收入均衡只考虑国内充分就业与价格稳定问题,即只分析国内总需求与总供给对国民收入与价格水平的影响。而在开放经济中,有了这样一些重要的差别:第一,国民收入的均衡不仅要考虑内在均衡,而且要考虑外在均衡。内在均衡是指充分就业的实现,而外在均衡是指国际收支均衡。对国民收入的调节要达到既实现内在均衡又实现外在均衡。第二,国内各种经济变量(总需求、价格、利率等)的变动,不仅会影响内在均衡,而且会影响外在均衡。第三,各国之间的贸易、资本流动、汇率变动等,不仅会影响一国的外在均衡,而且会影响该国的内在均衡。这样,就要把国内经济与国外经济作为一个整体来进行分析。本章正是从这种开放经济的角度来分析国民收入的决定与调整的。

第二节 开放经济中的国民收入均衡

一、总需求与国民收入的决定

开放经济中的总需求与封闭经济中是不同的。在开放经济中,一部分国内产品要卖给外国人(出口),国内居民的一部分支出要用于购买外国产品(进口)。因此,在开放经济中,要区分国内支出(国内总需求)与对国内产品支出(对国内产品总需求)这两个概念。国内支出指国内居民户、厂商与政府的支出,其中部分用于国内产品,部分用于进口产品。对国内产品的支出包括了本国对国内产品的支出与国外对本国产品的支出。国内支出中减去进口,是本国对国内产品的支出,国外对本国产品的支出就是出口。所以:

$$\begin{aligned}对国内产品的支出 &= 国内支出 - 进口 + 出口 \\ &= 国内支出 + (出口 - 进口) \\ &= 国内支出 + 净出口\end{aligned}$$

这时决定国内国民收入水平的总需求不是国内总需求,而是对国内产品的总需求。

应该注意的是，这时国内总需求增加对国民收入增加的影响大小，即国内总需求增加所引起的国民收入增加量也取决于乘数的大小。但开放经济中的乘数要考虑到进口增加在国民收入增加中所占的比例。进口增加在国民收入增加中所占的比例，被称为边际进口倾向。开放经济中的乘数，被称为对外贸易乘数。对外贸易乘数的公式为：

$$对外贸易乘数 = \frac{1}{1 - 边际消费倾向 + 边际进口倾向}$$

这一乘数小于封闭经济中的乘数。

根据上述论述同样可以推出：国内总需求的减少，会使国民收入减少，并使贸易收支状况改善（贸易收支盈余增加或赤字减少）。可见，这时国内总需求的增加（例如政府支出的增加），不仅会影响国内的国民收入，还会影响贸易收支状况，而且国内总需求增加所引起的国民收入增加量也与封闭经济时不一样。

二、其他因素变动对国民收入均衡的影响

在开放经济中，影响内在均衡与外在均衡的除了总需求以外，还有价格水平、汇率水平、利率水平等因素。以下就对上述因素的影响进行简单的分析。

1. 价格水平变动的影响

国内价格水平的变动，通过对进口品相对价格的影响而影响国民收入与贸易收支状况。如果用 e 代表汇率，用 P_m 代表进口产品的价格，用 P 代表国内产品的价格，则进口产品的相对价格可以表示为：

$$\frac{eP_m}{P}$$

当汇率不变，进口产品价格不变时，进口产品的相对价格与国内产品价格呈反方向变动。即国内产品价格上升，进口产品相对价格下降；国内产品价格下降，进口产品相对价格上升。

这样，国内产品价格上升就会削弱国内产品的竞争能力，使国内总需求更多地转向进口产品，从而减少了对国内产品的总需求。同时，也会使本国产品在国外市场的竞争能力削弱，减少了出口。其结果是使国民收入减少，贸易收支状况恶化。相反，国内产品价格下降会增强本国产品在国内外的竞争能力，使进口减少、出口增加，从而使

国民收入增加,贸易收支状况改善。

2. 汇率变动的影响

汇率变动对一国经济有重要的影响,主要是影响进出口贸易。我们可以用一个例子来说明这个道理。

假定美国生产并出口雪佛兰牌小汽车,每辆售价为 8 000 美元;德国生产并出口大众牌小汽车,每辆售价为 16 000 欧元。如果美元与欧元的汇率为 0.4:1,那么,每辆雪佛兰牌小汽车出口到德国时,按欧元计价应为 $8\,000 \times 2.5 = 20\,000$ 欧元(1 美元 = 2.5 欧元);每辆大众牌小汽车出口到美国时,按美元计价应为 $16\,000 \times 0.4 = 6\,400$ 美元(1 欧元 = 0.4 美元)。

现在如果美元汇率贬值 50%,即美元与欧元的汇率为 0.6:1,那么,每辆雪佛兰牌小汽车在出口到德国时,按欧元计价应为 $8\,000 \times 1\frac{2}{3} = 13\,333$ 欧元(1 美元 = $1\frac{2}{3}$ 欧元);每辆大众牌小汽车出口到美国时,按美元计价应为 $16\,000 \times 0.6 = 9\,600$ 美元(1 欧元 = 0.6 美元)。

这样,在美元汇率贬值之后,美国出口到德国的雪佛兰牌小汽车,尽管按美元计算价格没变,但按欧元计算时价格却下降了,从而美国出口的雪佛兰牌小汽车一定会增加。美元汇率贬值,相对来说就是欧元汇率升值了。这时,德国出口到美国的大众牌小汽车,尽管按欧元计算价格没变,但按美元计算时价格却上升了,从而美国进口的大众牌小汽车一定会减少。

从这个例子可以看出,汇率贬值有增加出口、减少进口的作用;相反,汇率升值则有减少出口、增加进口的作用。这样,汇率贬值就可以使国民收入增加;同时,因为边际出口倾向小于1,所以尽管国民收入增加会使进口增加,但进口的增加一定小于出口的增加,从而也可以使贸易收支状况改善。相反,汇率升值会使国民收入减少,贸易收支状况恶化。

3. 利率变动的影响

在开放经济中,利率在国内影响总需求,从而影响国民收入,即利率上升使总需求减少,国民收入减少;利率下降使总需求增加,国民收入增加。利率变动的另一方面是影响国际收支中的资本项目。各国间资本的流动取决于利率的差异,如果国内利率高于国际利率,则资本流入国内;如果国内利率低于国际利率,则资本流往国外。资本流入有利于改善国际收支状况,而资本流出使国际收支状况恶化。同时利率的变动会通过对资本流动的影响而影响汇率。当资本流入增加时使本国货币汇率升值,当资本流出增加时使本国货币汇率贬值。这种汇率变动也会影响进出口。

这样,如果利率上升,在国内会使国民收入减少,这种减少会减少进口,改善贸易收支状况。当国际利率水平不变时,国内利率水平上升又会使资本流入。这样,利率的上升就使国民收入减少,国际收支状况改善。相反,如果利率下降,在国内会使国民收入增加,这种增加会增加进口,使贸易收支状况恶化。当国际利率水平不变时,国内利率水平下降又会使资本流出。这样,利率的下降就会使国民收入增加,国际收支状况恶化。

影响国民收入与国际收支状况的因素还有许多,但这些因素主要是通过对以上三种因素的作用而产生影响的。例如,国内总供给的变动。在总需求不变的情况下,总供给的变动主要通过对价格的影响而发生作用,即总供给增加使国内产品价格下降而引起国民收入增加,贸易收支状况改善;总供给减少使国内产品价格上升而引起国民收入减少,贸易收支状况恶化。货币量的变动通过对利率水平的影响而发生作用,即货币量增加使利率水平下降而引起国民收入增加,国际收支状况恶化;货币量减少使利率水平上升而引起国民收入减少,国际收支状况改善。对于这些,我们就不一一分析了。

第三节 开放经济中的国民收入调节

一、开放经济中各国的相互依赖性

在开放经济中,各国国民收入的决定与变动是相互影响的。一国总需求与国民收入的增加会通过进口的增加而影响对国外产品的需求,从而使与之有贸易关系的国家的国民收入也增加。这种一国总需求与国民收入增加对别国的影响,被称为"溢出效应"。反过来,别国由于"溢出效应"所引起的国民收入增加,又会通过进口的增加使最初引起"溢出效应"的国家的国民收入再增加,这种影响被称为"回波效应"。这两种效应概括了各国之间国民收入变动的相互影响。

各国之间相互影响的程度并不一样,大体取决于这样几个因素:第一,国家的大小。一般来说,大国对小国的影响大,小国对大国的影响小。第二,开放程度。开放程度高的国家对别国的影响与受别国的影响都大;反之,开放程度低的国家对别国的影响与受别国的影响都小。第三,各国边际进口倾向的大小。一国的边际进口倾向越高,对别国的影响与受别国的影响越大;反之,一国的边际进口倾向越低,对别国的影响与受别国的影响越小。

各国之间的这种影响是很重要的。根据经济合作与发展组织的估算,美国的总需求增加1%,使德国的国民收入增加0.23%,即美国对德国的溢出效应为0.23。而德国的国民收入增加0.23%,又会使美国的国民收入增加0.0115%,即德国对美国的回波效应为0.0115。这种影响对经济的作用相当大。例如,德国1981—1982年的经济衰退就是依靠美国的复兴而得以摆脱的。这就是说,因为美国经济复兴引起的国民收入增加提高了进口水平,而美国的进口中有相当一部分来自德国,这就增加了德国的出口,使其经济摆脱衰退。

二、内在均衡与外在均衡的不同情况

开放经济中的经济调节,从国内来看,应该实现充分就业与物价稳定;从对外来看,应该实现国际收支均衡。这三者之间的关系在现实中则有不同的情况,可把这三种关系组合的情况归纳如下:

国内通货膨胀与国际收支赤字;
国内经济衰退与国际收支盈余;
国内通货膨胀与国际收支盈余;
国内经济衰退与国际收支赤字;
国内经济均衡与国际收支赤字;
国内经济均衡与国际收支盈余;
国内通货膨胀与国际收支均衡;
国内经济衰退与国际收支均衡;
国内经济均衡与国际收支均衡。

在上述九种情况中,第九种实现了内在均衡与外在均衡,不用进行任何调节,是最优状态。但这种情况毕竟是少见的,大量存在的还是其他八种情况。在这八种情况中,前两种情况很好解决。在第一种情况下,采取紧缩性的政策,就可以使总需求得到抑制,国民收入减少,抑制通货膨胀;国民收入的减少又会使进口减少,从而消除国际收支赤字。第二种情况可采取扩张性政策,可以刺激总需求,使国民收入增加,经济摆脱衰退;国民收入的增加又会增加进口,从而消除国际收支盈余。但从第三到第八种情况,则存在着政策上的矛盾。例如,第三种情况,如采取紧缩性政策,可以制止国内的通货膨胀,但国民收入的减少则会减少进口,使国际收支盈余更多;而采取扩张性政策,增加国民收入固然可以增加进口,减少国际收支盈余,但却又加剧了国内的通货膨胀。第四种情况与此相反,采取扩张性政策可以摆脱国内经济衰退,但却加重了国际收支赤字;而采取紧缩性政策可以减少国际收支赤字,但却加剧了经济衰退。第五与第六种情况是国内实现了均衡,而国际收支不均衡,采取任何解决国际收支不均衡的政策,都会破坏国内的均衡。第七与第八种情况是国际收支均衡,但国内不均衡,采取任何解决国内问题的政策,都会破坏国际收支的均衡。这些矛盾的情况,使经济政策面临着进退维谷的困境,这就是同时实现内在与外在均衡的困难。

三、最优政策的配合

内在均衡与外在均衡的矛盾要求经济学家寻找出最优政策配合的方案。最优政策配合的含义是:在国内外需要不同的调节政策的情况下,所采用的政策应使其中一种政策的积极作用超过另一种政策的消极作用。在选择最优政策时,首先应该注意各种政策对内与对外的不同影响。货币政策对外的影响往往要大于对内的影响,例如,货币量增加通过利率下降对国内总需求的刺激作用,比利率下降对资本流入的影响要小。财政政策对内的影响往往要大于对外的影响,例如,增加政府支出引起的国民收入增加的作用要大于增加进口的作用。其次,应该确定政策所要解决的主要问题。例如,如果在国内经济衰退与国际收支盈余的情况下,主要是解决国内经济衰退问题,那就要把政策重点放在刺激国内经济上。最后,要把各种政策配合运用,用一种政策去抵消另一种政策的副作用。

诺贝尔经济学奖获得者 R. 蒙代尔提出了解决最优政策配合的有效市场分类原理。这一原理认为,每一种政策手段应当用于其能产生最大的有利影响的市场或经济环境。其对另一个市场或经济环境所必然产生的某种副作用,可用性质相反的另一种经济手段加以中和。这样,两种经济政策的相互配合并持续实施,即可逐步实现内外均衡,而其他任何政策配合都不可能达到此种目的。例如,在第三种情况,即国内通货膨胀与国际收支盈余的情况下,应该采用紧缩性财政政策以制止通货膨胀,同时采用扩张性货币政策增加货币量,降低利率,以使资本流出,克服国际收支盈余。第四种情况则可用扩张性财政政策与紧缩性货币政策相结合,以摆脱国内经济衰退,同时又吸引外资克服国际收支赤字。此外,还可以用对外经济政策来配合国内经济政策。在第五种情况,即国内经济均衡与国际收支赤字时,可以通过支出转换政策来调节。支出转换是在对国内产品总需求保持不变的情况下,改变总需求的构成,即通过保护贸易政策或汇率贬值政策来减少进口,以使国内经济仍保持均衡,而国际收支赤字得以消除。

最优政策配合是一个很复杂的问题,不仅要考虑到国内外的经济状况、政策目标、政策效应等问题,还要考虑到各种复杂的政治因素、国际关系、一国的历史传统等问题。例如,在通过增加进口来消除国际收支盈余时,应考虑到本国的边际进口倾向有多大。边际进口倾向是由许多经济与非经济因素决定的,在一定时期内有相对稳定性。如果一国由于历史原因边际进口倾向较低,那么增加进口消除国际收支盈余的作用就有限。此外,在通过扩张性货币政策降低利率,以吸引资本流入、消除国际收支赤字时,还要考虑资本流动对本国利率变动的反应程度,这种反应程度在相当程度上取决于一国的政局是否稳定、投资环境与政策是否足以吸引外资,等等。在通过出口来增加国民收入、消除国际收支赤字时,应考虑到国际经济形势及世界市场对本国出口产品的需求弹性。如果国际经济处于衰退时期,而且本国出口产品在世界市场上的需求弹性低,那么这一政策就很难奏效。

第四节 对外经济政策

要实现内在均衡与外在均衡不仅需要财政政策、货币政策这些国内政策,而且需要对外经济政策。本节就介绍这方面的政策。

一、对外贸易政策

对外贸易政策可以分为两类,一类是自由贸易政策,另一类是保护贸易政策。

1. 自由贸易政策

从总体上看,自由贸易有利于实现世界范围内的资源最优配置,从而达到全世界经济福利最大化。但实际上,全世界的经济福利最大化并不一定是各国本身经济福利的最大化。因此,自由贸易往往要受到限制。在不同的时期,不同的国家都是自由贸易与保护贸易的交替,或二者在不同程度上的结合。

2. 贸易保护政策

当前许多西方国家都采取了贸易保护的政策,这种政策有利于充分就业的实现、国内经济的增长,以及改善国际收支状况。贸易保护的政策包括:

(1) 关税政策

关税是贸易保护政策的主要工具之一。关税是对通过一国海关的货物所征收的税,又可分为进口关税与出口关税。限制进口主要是用进口关税。进口关税包括按进口货物总价值的一定百分比征收的从价关税和按固定税额征收的特别关税,常用的是从价关税。关税可以起到限制进口、保护国内市场的作用,还可以增加本国的财政收入。各国还可以根据国内市场的情况调整各种进口产品的税率。但是,一国在运用关税时,也会引起其他国家的报复,从而不利于本国产品的出口。

(2) 非关税壁垒

非关税壁垒是用关税以外的工具来限制进口。其中包括:

① 限额。限额可分为进口限额与出口限额,还可分为对各国不加区别地进行外贸货物限量的非歧视性限额和对不同国家制定不同限量的歧视性限额。此外,还有建立在双边协商基础之上的自愿出口限额与有计划出口安排,以及在一定的关税率基础之上对进口货物施加限制的关税限额。这种进口限额有利于减少进口量,保护国内市场。

② 补贴。是指对本国与外国进口产品进行竞争的部门进行补贴,因此,又称进口竞争部门补贴。这种补贴可以补贴进口竞争部门的成本或利润,目的在于提高本国产品的竞争能力。

③ 进口特许。又称进口许可证,目的在于限制进口。进口许可证分为三种:一是进口数量型许可证,它对进口数量直接加以限制,其中又包括规定一定时间进口的时间性许可证与规定一定条件进口的条件性许可证;二是外汇控制型许可证,它被用于控制进口商品所需的外汇;三是统计许可证,它以贸易统计资料为依据,对某些产品的进口加以监督和指导。这种方法能直接控制进口的数量与类型,但会增大贸易成本和贸易的不确定性,同时手续烦琐。

④ 进口商品的技术性壁垒。通过对商品的技术性能检验来限制进口,这类检验包括对机械设备的性能、零部件的通用性的检验,以及与卫生和安全有关的商品的质量控制。这种检验往往也成为进口的限制。

还有其他的非关税壁垒。

二、汇率政策

汇率影响对外贸易与国际收支,同样,也影响国内经济。因此,在对外经济政策中,汇率政策就是十分重要的。

1. 汇率贬值政策

在固定汇率制度下,贬值可以提高进口产品的相对价格,降低出口产品的相对价格,从而增加出口、减少进口,既增加了国内就业,又有利于减少国际收支赤字。

但是,汇率贬值对外贸的影响并不如此简单。许多经济学家认为,贬值对经济的影响是先不利而后才有利。这是因为汇率贬值后,绝大部分贸易按原来签订的合同交易,在按新汇率结算时,会使以本币计算的出口商品收汇减少,而以外汇支付的进口商品的数额却不变,于是就在短期内使国际收支状况恶化。只有过一段时间后,随着出口增加,进口减少,对经济才会有有利的影响。

2. 汇率管制政策

在浮动汇率下,政府也要运用买卖外汇的方法对汇率进行干预,避免汇率的大幅度波动。这是因为汇率的波动影响人们对未来的预期,使人们对经济持悲观态度,从而影响经济的稳定性。特别是汇率的过分贬值还会使国内通货膨胀加剧,不利于物价稳定的目标。有时为了经济与非经济目标,也需要通过干预,维持较低或较高的汇率。

三、对外投资政策

资本输出在当代有着重要的意义。在国际经济关系中,有些国家要吸引外资,有些国家要输出资本。对西方发达国家来说,资本输出更为重要,因此,我们重点介绍鼓励对外投资的政策。

鼓励对外投资主要是采用了这样一些手段:第一,通过国家的对外经济援助和其他政治、经济,甚至军事手段,为私人对外投资开辟道路。第二,利用纳税优惠政策鼓励和支持私人的对外投资。其中包括在应纳税额中扣除在国外已纳税金的国外纳税减免,避免双重纳税;在国外投资收入汇回之前不予征税的延期纳税;等等。第三,对私人对外投资实行担保和保险。这样可以减少私人对外投资的风险。第四,制定保护海外私人投资利益的法律。例如,对没收或征用本国海外投资的国家停止经济援助或实行其他经济惩罚,等等。第五,利用各种渠道对私人对外投资提供资金上的支持。

四、国际经济关系的协调

各项对外经济管理政策在实质上都是损人利己的,这就会影响各国之间的经济关系,引起各国之间的冲突。但从长远看,各国的利益又有其一致性,即各国的经济是共同繁荣的,损人利己最终也会给自己的经济带来困难。这就需要调整各国之间的经济关系。这种调整包括:建立各种国际经济组织,通过这些组织协调各国关系;进行双边或多边谈判,各方都作出相应的让步;建立地区性经济一体化组织,加强本地区的发展,协调本地区的经济关系;等等。

教辅申请说明

北京大学出版社本着"教材优先、学术为本"的出版宗旨，竭诚为广大高等院校师生服务。为更有针对性地提供服务，请您按照以下步骤在微信后台提交教辅申请，我们会在 1~2 个工作日内将配套教辅资料，发送到您的邮箱。

◎ 手机扫描下方二维码，或直接微信搜索公众号"北京大学经管书苑"，进行关注；

◎ 点击菜单栏"在线申请"—"教辅申请"，出现如右下界面：

◎ 将表格上的信息填写准确、完整后，点击提交；

◎ 信息核对无误后，教辅资源会及时发送给您；如果填写有问题，工作人员会同您联系。

温馨提示：如果您不使用微信，您可以通过下方的联系方式（任选其一），将您的姓名、院校、邮箱及教材使用信息反馈给我们，工作人员会同您进一步联系。

我们的联系方式：
北京大学出版社经济与管理图书事业部
北京市海淀区成府路 205 号，100871
联系人：周莹
电　话：010-62767312 /62757146
电子邮件：em@pup.cn
Q Q：5520 63295（推荐使用）
微信：北京大学经管书苑（pupembook）
网址：www.pup.cn

《西方经济学基础教程》（第三版）教辅详情	
教学PPT	适用于36—54课时的教学
教学视频	每章1—2个视频案例